Jürgen Mayer

NS-Raketenproduktion der V1 und V2 in Mittelbau-Dora

Die Mittelwerk GmbH

Verlag Rockstuhl

Jürgen Mayer

NS-Raketenproduktion der V1 und V2 in Mittelbau-Dora

Die Mittelwerk GmbH

Treibende Kräfte

Personelle Konsequenzen

Wie die „Mittelwerk GmbH“ das Chaos bewältigt und ‚schwarze Zahlen‘ geschrieben hat

Verlag Rockstuhl

Impressum

Umschlaggestaltung: Harald Rockstuhl, Bad Langensalza

Titelbild: National Archives and Record Administration, Washington

1. Auflage 2019

ISBN 978-3-95966-434-9

Innenlayout: Harald Rockstuhl, Bad Langensalza

Druck und Bindearbeiten in Deutschland

Gedruckt auf alterungsbeständigem Papier nach ISO 9706

Die Deutsche Nationalbibliothek verzeichnet diese Publikation in der Deutschen Nationalbibliografie. Detaillierte bibliografische Daten sind im Internet über *http://dnb.d-nb.de* abrufbar.

Verlag Rockstuhl
www.verlag-rockstuhl.de

Inhaber: Harald Rockstuhl
Mitglied des Börsenvereins des Deutschen Buchhandels e.V.
Lange Brüdergasse 12 in D-99947 Bad Langensalza/Thüringen
Telefon: 03603 / 81 22 46 Telefax: 03603 / 81 22 47
www.verlag-rockstuhl.de

Inhaltsverzeichnis

Einleitung

Die unmenschlichen Lebens- und Arbeitsbedingungen sowie das unmenschliche Verhalten der SS-Wachmannschaften in den unterirdischen Fabrikationsstätten von Mittelbau-Dora sind gründlich untersucht worden.

Den unvoreingenommenen Leser der Literatur beeindruckt, wie scheinbar reibungslos die Verlegung der Raketenproduktion im Herbst 1943 vonstatten ging und wie problemlos nachfolgend die Produktion der Flugkörper in den Stollen des Kohnstein zu erfolgen schien. Dies ist insofern bemerkenswert, als die A4-Rakete aus über 20.000 Einzelteilen bestand, die von 400 Lieferanten bezogen wurden.

Für die logistischen und organisatorischen Aufgaben der Fertigung war die Betriebsgesellschaft „Mittelwerk GmbH" zuständig.

Das erfolgreiche Wirken dieser Betriebsgesellschaft war deshalb bemerkenswert, weil die treibenden Kräfte aus dem Rüstungsministerium, dem Heer, der Luftwaffe und der SS teils unterschiedliche Interessen verfolgten.

Das Verhalten dieser Gruppen lieferte den Wachmannschaften die Rechtfertigung für ihr unmenschliches Verhalten gegenüber den Arbeitskräften in den Stollen des Kohnstein, von denen ca. 10.000 mit ihrem Leben bezahlen mussten.

Schwerpunkte der vorliegenden Untersuchung sind die Motive der Entscheider, das technische und das organisatorische Umfeld sowie die erstaunlichen wirtschaftlichen Ergebnisse der Mittelwerk GmbH.

Kein Gegenstand der folgenden Ausarbeitung sind die mörderischen Arbeitsbedingungen auf den externen Baustellen und in den Außenlagern des KZ Mittelbau-Dora, weil diese nicht von der Mittelwerk GmbH betrieben wurden.

1. Die Ausgangslage im Sommer 1943

In der „Luftschlacht um England“ war England nicht besiegt worden. Die Alliierten hatten die Lufthoheit übernommen. Mit Geschwadern von über 700 Bombern hatten sie seit 1942 Köln, Hamburg, die Zentren der Rüstungsindustrie und die Ölfelder schwer getroffen.

An der Ostfront war die Strategie des Blitzkriegs gescheitert. Die Wehrmacht und die gesamte Rüstungswirtschaft hatten sich auf einen Stellungskrieg an langen Frontabschnitten eingestellt.
Durch die Stalingrad-Katastrophe im Januar 1943 hatte die Wehrmacht den Ruf der Unbesiegbarkeit eingebüßt. Deutschland musste feststellen, dass es den Krieg nicht wie bisher mit Blitzangriffen weiterführen konnte.

Auf der Casablanca-Konferenz im Januar 1943 hatten sich Roosevelt und Churchill auf das gemeinsame Ziel eingeschworen, den Krieg bis zur völligen und absoluten Niederlage Deutschlands zu Ende zu führen. Deutschland sah sich in die Defensive gedrängt.

Goebbels versuchte in seiner Sportpalast-Rede im Februar 1943, das deutsche Volk auf einen Kampf „auf Leben und Tod“ für Deutschland und für die deutsche Kultur einzuschwören (Stargardt 2015, S. 431). Aber die deutsche Bevölkerung wurde sich nach den Bombenangriffen bewusst, dass das Leben so wie bisher nicht weitergehen könne (Salewski Michael, Schulze-Wegener Guntram 1995) Stargardt 2015, S. 444). Ernüchterung verdrängte die zuvor verbreitete Kriegsverherrlichung.

Die reibungslose Versorgung der Industrie mit Rohstoffen war nicht mehr gewährleistet. – In den Betrieben fielen die jungen Arbeitskräfte aus, da sie an der Front gebraucht wurden. Der Arbeitskräftemangel wuchs auch mit dem wachsenden Ausstoß an Rüstungsgütern. Er war selbst durch Fremdarbeiter und Zwangsarbeiter nicht mehr zu decken.

In der Fertigung des Jagdflugzeuges HE 177 bei HEINKEL in Wörlitz-Oranienbaum waren seit 1942 mit Erfolg fehlende deutsche Facharbeiter durch KZ-Häftlinge ersetzt worden. Das machte Schule; alle Rüstungsbetriebe bemühten sich ab 1943 bei der SS um die Zuteilung von KZ-Häftlingen (Neufeld Michael J. 1999, 221–226, 138).

OKH und OKL waren über die bisherigen Folgen des Bombenkrieges für Deutschland genau informiert. Sie konnten sich ausrechnen, dass es aufgrund der militärischen Lage und der Kräfteverhältnisse ausgeschlossen war, allein durch das Verschießen von monatlich 500 oder 1.000 A4-Raketen über Entfernungen von 250 km wieder die Initiative im Kampf zurück zu gewinnen.

Trotzdem bemühten sich Heer und Luftwaffe im Sommer 1943, Hitlers Glaube an einen Endsieg Deutschlands mithilfe der A4-Rakete und der Fi-103-Flugbombe aufrecht zu erhalten.

Die folgenden Ausführungen beginnen mit der Untersuchung der Motive der treibenden Kräfte.

2. Die Hoffnungsträger in Peenemünde

2.1 Die A4-Rakete des Heereswaffenamts

Das Heer hatte in Peenemünde-Ost eine Erprobungsstelle eingerichtet. Hier sollten raketengetriebene, selbstfliegende Fern- und Präzisionswaffen getestet und einsatzreif gemacht werden. Die direkt an dem Projekt beteiligten Personen verstanden sich als Speerspitze der Organisation, die die Bewaffnung für das Erreichen und die Sicherung einer neuen Weltordnung schaffen würde. Das A4-Projekt war als Fern-, Angriffs- und Terrorwaffe initiiert, geplant und koordiniert worden (Historisch-Technisches Museum Peenemünde (Hrg.) 2016, 21ff.).

Peenemünde-Ost unterstand Walter Dornberger, dem Leiter der Abteilung WA Prüf 11 im HWA zur Entwicklung und Erprobung von Raketen. „Deutschland befindet sich in einem internationalen Raketen-Wettlauf, den es nicht verlieren darf" (Neufeld 1999, S. 151). – Der ursprünglich geplante Ausstoß waren 1.500 A4 pro Jahr.

Die grundsätzliche Idee der Rüstungspolitik war, dass Deutschlands Unterlegenheit bzgl. der Menge an Waffen, Gerät und Personal durch überlegene Qualität in der Militärtechnik wettgemacht werden könnte (Historisch-Technisches Museum Peenemünde (Hrg.) 2016, S. 31).

Deshalb arbeitete das HWA eng mit den Technischen Hochschulen Berlin, Darmstadt und Dresden zusammen. Schon 1940 waren in Peenemünde 238 Universitätsmitarbeiter und Hochschulangehörige im Einsatz.

Innerhalb der nächsten drei Jahre wurden erstaunliche Entwicklungen vollbracht wie der Bau von Überschall-Windkanälen, Prüfständen, die Entwicklung eines Steuerungslabors, und dies trotz vielfältiger Probleme bei der Zuteilung von Fachkräften und Rohstoffen (Neufeld 1999, S. 110). Wegen des riesigen Energiebedarfs zur Herstellung von Flüssigsauerstoff für die A4 wurde ein 30 Megawatt-Kohlekraftwerk errichtet.

Der Jahresetat von Peenemünde für 1943 betrug ca. 50.000.000 RM. Dornberger war überzeugt, dass die A4 für einen entscheidenden militärischen Einsatz in ausreichender Stückzahl geliefert werden muss. Damit hatte er den Bau des Serienfertigungswerks in unmittelbarer Nähe des Entwicklungszentrums, der Prüfstände und der Windkanäle begründet (Neufeld Michael J. 1999, S. 139).

So war eine Halle mit den Maßen: Länge 200 m, Breite 60 m, Höhe 30 m entstanden, die über zwei Vollbahngleise beschickt wurde. Die Taktstraße in der Halle war auf die Montage von 300 Raketen/Monat ausgelegt.

Ursprünglich sollten dort auch möglichst viele Bauteile der Rakete hergestellt werden, um Erfahrung zu sammeln (Neufeld 1999, S. 141). Aber aufgrund der zunehmenden Luftangriffe wurde im Frühjahr 1943 die Teile-Fertigung dezentralisiert und an mehrere Betriebe vergeben (Bornemann 2003, S. 37).

Die Sicherheit der Montagehalle vor feindlichen Bombern blieb der wunde Punkt von Peenemünde-Ost (Neufeld Michael J. 1999, S. 140). Im Juni 1943 trafen 200 Buchenwald-Häftlinge in Peenemünde ein (Baranowski 2013, S. 207). Ohne diese KZ-Häftlinge und die ausländischen Zwangsarbeiter wäre ein Start der A4-Montage nicht möglich gewesen. Nach den Vorstellungen von Dornberger, unterstützt durch seinen Chef-Ingenieur Rudolph, könnte das Verhältnis von KZ-Häftlingen und ausländischen Zwangsarbeitern zu deutschen Facharbeitern 10:1 betragen, wenn man den Fertigungsablauf in kleinstmögliche Arbeitsschritte unterteilen würde (Baranowski 2013, S. 208).

Insgesamt hatte Peenemünde-Ost im Spätsommer 1943 ca. 12.000 Beschäftigte, darunter 3.000 ausländische Arbeiter und 600 KZ-Häftlinge (Neufeld 1999, S. 248).

Im Mai 1943 hatte ein Vergleichsschießen zwischen der A4-Rakete und der Flugbombe Fi-103 stattgefunden. An der Veranstaltung hatten namhafte Vertreter von Heer, Luftwaffe und Industrie teilgenommen. Die Teilnehmer hatten abschließend einstimmig die Einführung beider Waffensysteme empfohlen.

Die A4-Rakete wurde daraufhin für die Fertigung frei gegeben, obwohl ihre Entwicklung nicht abgeschlossen war (Neufeld Michael J. 1999, S. 140).

In einem Gespräch Dornbergers mit Wernher von Braun und Dr. Walter Thiel, dem Leiter der Triebwerksentwicklung in Peenemünde, am 17. August 1943 bezeichnete Dr. Thiel das Gerät als zu kompliziert und noch lange nicht reif für eine Fertigung; die A4 sei zum derzeitigen Zeitpunkt nur ein „vollautomatisch fliegendes Laboratorium" (Dornberger 1992, S. 169).

Inzwischen erkannte das HWA, dass eine kaufmännische und eine technische Leitung für den Fertigungsablauf benötigt werden. Wegen der Beschaffung der 20.000 verschiedenen Einzelteile würde die Einkaufsabteilung großes Gewicht erhalten. Eine gewisse Entlastung würde die Zusammenarbeit mit Leitfirmen bringen. Diese sollten die Verantwortung für die Fertigung ganzer Baugruppen übernehmen und die Einzelteil-Fertigung auf Subunternehmen übertragen.

In der Nacht vom 17. auf den 18. August 1943 wurden Spreng- und Brandbomben aus 600 RAF-Bombern auf Peenemünde abgeworfen. Der Angriff kostete über 700 Menschenleben. Die A4-Montage wäre voraussichtlich wochenlang unterbrochen (Neufeld Michael J. 1999, S. 270).

2.2 Die Fi-103 Flugbombe der Luftwaffe

1943 befand sich in Peenemünde-West eine Erprobungsstelle der Luftwaffe. Dort arbeiteten ca. 800 Mitarbeiter an dem mannlosen Flugkörper Fi-103, der mit Sprengstoff auf ein konkretes Ziel gesteuert werden sollte.

Mit der Entwicklung dieser Flugbombe hoffte die Luftwaffe, ihre Schlagkraft zurückzugewinnen, die sie in der Luftschlacht über England verloren hatte.
Peenemünde-West mit der Fi-103-Erprobungsstelle blieb von dem Luftangriff am 17./18. August 1943 weitgehend verschont.

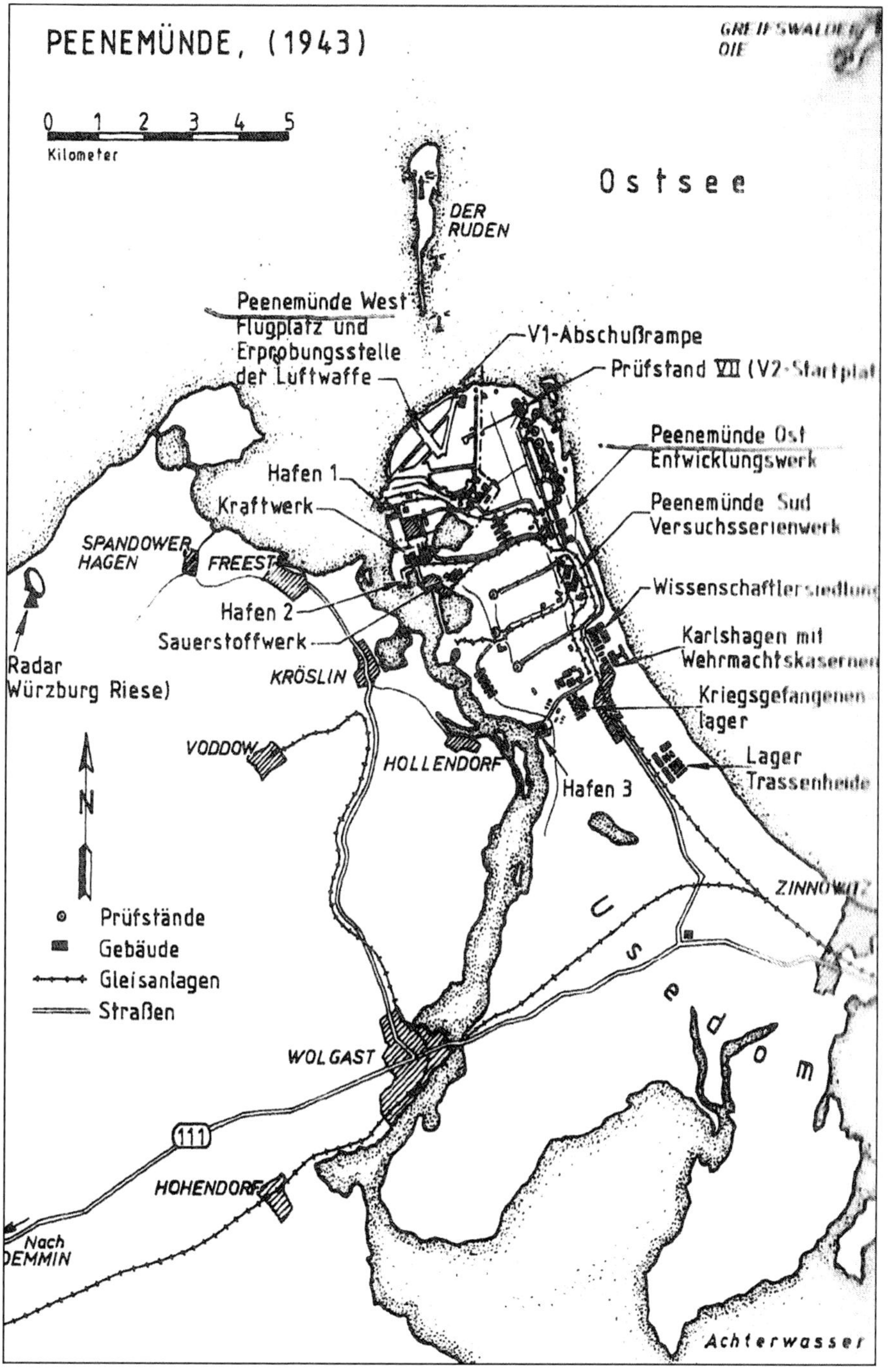

Anlage 1: Peenemünde 1943 – Lageplan
Neufeld 1999, S. 402

2.3 Walter Dornberger

1895–1980; Artillerist im 1. Weltkrieg, befasste sich in der Kriegsgefangenschaft mit Möglichkeiten, feindliche Stellungen aus 250 km Entfernung zu zerstören; 1930 Dipl.-Ing., 1936–1943 Chef von WA Prüf 11, der Raketenabteilung des HWA; 1943 Kommandeur der HWA-Einrichtungen in Peenemünde-Ost. Überzeugter Nationalsozialist und guter Lobbyist. Er verfolgte seine Ziele konsequent, und er war bereit, dabei deutlich zu übertreiben, wenn es seiner Sache dienlich schien (Neufeld Michael J. 1999, S. 140).

Zwischen 1939 und 1943 hielt er Vorträge vor Hitler über die Raketenentwicklung. Nach der Luftentscheidung im Westen war Dornberger der Meinung, dass durch den Einsatz automatisch gesteuerter Flugkörper mit großer Reichweite die Luftüberlegenheit der Alliierten ausgeglichen werden könne. Er argumentierte im März 1942, dass durch einen monatelangen, Tag und Nacht andauernden Beschuss britischer Städte dort Panik und Desorganisation hervorgerufen würden und dass man damit zur Beendigung des Krieges beitragen könne (Neufeld 1999, S. 164, S. 180) .

Anlässlich des Vergleichsschießens im Mai 1943 gelang es Dornberger, die Anwesenden von der Überlegenheit der neuen Waffensysteme A4 und Fi-103 gegenüber den schwerfälligen Bombern der Luftwaffe zu überzeugen (Dornberger 1992, S. 109).

1943 trafen sich Dornberger und Himmler zweimal zum Meinungsaustausch in Peenemünde (Dornberger 1992, S. 220). Dornberger nahm Himmlers Angebot an, für die Baumaßnahmen in Peenemünde und für die A4-Montage KZ-Häftlinge einzusetzen.

Mit einer brillanten A4-Präsentation und mit seiner opportunistischen Argumentation beseitigte Dornberger im Juli 1943 Hitlers Zweifel am Sinn des Raketeneinsatzes. Dornberger verbreitete bei der Gelegenheit Vorhersagen über Entwicklungszeiten und Leistungen, die übertrieben optimistisch, wenn nicht sogar bewusst falsch waren (Neufeld 1999, S. 189). Dabei wusste er genau, dass sich die A4 im gesamten Geschwindigkeitsbereich nicht stabil verhielt, dass sie aus der Ferne – insbesondere beim Wiedereintritt in dichtere Luftmassen – nicht steuerbar war und dass sie sich bei geänderten Flugbedingungen nicht zielorientiert steuern ließ. Mit seiner fragwürdigen Präsentation überzeugte er Hitler davon, dass der Krieg bei Einsatz der A4-Rakete eine entscheidende Wendung nimmt. Hitler ordnete daraufhin für das A4-Projekt erneut die höchste Dringlichkeitsstufe an.

Nur Dornbergers eigene Überzeugung, dass die A4-Rakete kriegsentscheidend sein würde, kann hinreichend erklären, weshalb er mit der Fertigung der A4 beginnen ließ, als die Entwicklung noch längst nicht abgeschlossen war (Neufeld Michael J. 1999, S. 140, 1999, 140, 201).

Am 22. August 1943 bezeichnete Himmler im Gespräch mit Hitler und Speer das A4-Projekt nicht mehr als Sache des HWA, sondern des ganzen deutschen Volkes. Deshalb wurde beschlossen, mit Himmlers Unterstützung die Raketen-Fertigung in unterirdische Räume zu verlegen.

Damit war Dornberger faktisch entmachtet und er hatte die weitere Entwicklung des A4-Geschehens nicht mehr in der Hand. 1944 war er nur noch für den A4-Transport und A4-Nachschub sowie für die Ausbildung der Raketentruppen verantwortlich.

2.4 Wernher von Braun

1912–1977; TH Berlin; 1933 Mitglied der SS, 1937 Mitglied der NSDAP; schon als Zehnjähriger angesteckt von der allgemeinen Raketenbegeisterung der Zwanziger Jahre; 1937 – im Alter von 25 Jahren – Technischer Direktor der Heeresversuchsanstalt Peenemünde-Ost und damit federführend für die Raketenentwicklung auf Usedom.

Er profitierte von der Großforschung, einem neuen Typ von wissenschaftlicher und technischer Arbeitsweise, für die – getragen von einer hohen gesellschaftlichen Nutzerwartung – enorme staatliche Fördermittel eingesetzt und notwendige Infrastrukturen aufgebaut wurden (Historisch-Technisches Museum Peenemünde (Hrsg.) 2016, S. 19).

Wernher von Braun konnte sich in komplizierten Besprechungen durchsetzen und die entscheidenden Punkte herausgreifen. Mit seiner charismatischen Art als gewinnender Optimist und großer Motivator schaffte er es, die intellektuelle Produktivität seiner Techniker anzuspornen (Dornberger 1992, S. 126).

Er galt als äußerst phantasie- und einfallsreich. Oft sah er schon als Tatsache an, was er in seinem ständig arbeitenden Geist wahrhaben wollte. Wenn er sich erst mit allen technischen Fragen auseinandersetzte, würde sein unbeschreibliches Genie schon die richtige Lösung finden. Sobald er eine klare Vorstellung von dem hatte, was er erreichen wollte, war er hartnäckig. Dann gab es für ihn keine Hindernisse und keine Ablenkung. Mit unendlicher Schlauheit, alle Register ziehend, verfolgte er den von ihm richtig erscheinenden Weg (Dornberger 1992, S. 156).

Mit der Anwerbung Wernher von Brauns als SS-Offizier 1940 konnte sich die SS frühzeitig Einblick und Einfluss auf seine Motive und seine Aktivitäten sichern. Wernher von Brauns Verhalten war keineswegs nur so sachorientiert und unpolitisch, wie er es nach dem 2. Weltkrieg darzustellen versuchte (Brechtken 2017, S. 327).

Ab 1943 besichtigte Wernher von Braun mehrmals die Stollen des Mittelwerks, zuletzt im Februar 1945. In einem Verhör berichtete er später, dass die Arbeitsbedingungen damals besser als 1943 gewesen seien, dass z.B. Heizungs-, Belüftungs-, Beleuchtungs- und Staubschutzanlagen funktioniert hätten. Dass die Arbeitskräfte in den Stollen aber hungerten und ständig willkürlichem Terror ausgesetzt waren, wollte er nicht wahrgenommen haben (Neufeld 1999, S. 312).

3. Hitlers Vorstellungen und Pläne

Hitler wurde vom fanatischen Glauben an seine Mission beherrscht. Er wusste, was er tat. Seine Krankheiten beeinträchtigten ihn nicht bei seinen Entscheidungen (Neumann, S. 291). Ab 1943 dürften die von seinem Leibarzt injizierten Drogen seine schwankenden Stimmungen stark beeinflusst haben (Ohler Norman 2015, 183ff.)

Hitler hatte seinen Wunsch, die Juden zu vernichten, mit den Vorstellungen der Gesellschaft synchronisiert. Alle Verbrechen sind durch sein Agieren in den gesellschaftlichen Handlungsspielräumen zu erklären. Ideologischer Fanatismus und pragmatische Berechnung standen bei ihm ständig in Wechselwirkung zueinander. Seine Wertvorstellungen waren gesellschaftlich akzeptiert. Seine Visionen begeisterten die Menschen, weil sie dafür empfänglich waren. Der Krieg konnte nur deshalb geführt werden, weil die meisten Deutschen seine Überzeugung teilten und ihn zu ihrem Führer gemacht hatten (Neumann, 294ff.).

Hitler hatte von sich die Vorstellung des „von der Vorsehung" gesandten Führers, des Verteidigers Europas gegen die aus dem Osten drohende Gefahr (Dornberger 1992, S. 213), der um Lebensraum kämpft und der für Deutschland die Weltherrschaft anstrebt. Er dachte in extremen Gegensätzen: jüdische oder deutsche Weltherrschaft, Vernichtung der Arier oder der Juden, absoluter Sieg oder Untergang (Zelle 2010, S. 179–180).

Als 1942 die militärischen Überraschungserfolge ausblieben, arbeiteten Heer und Luftwaffe darauf hin, das von Hitler erwartete Wunder zustande zu bringen. Schlechte Nachrichten wurden ihm nur noch zögernd überbracht. So bildete sich bei Hitler der übertriebene Optimismus (Kershaw 2013, S. 824). Hitlers Glaube an die A4-Rakete beruhte auch auf der Argumentation von Heer und Luftwaffe, dass die deutsche Unterlegenheit bzgl. der Menge an Waffen, Gerät und Personal durch die überlegene deutsche Waffentechnik wettgemacht werden könne (Neufeld Michael J. 1999, S. 300).

Hitler selbst hatte Peenemünde nie besucht (Dornberger 1992, S. 113).

Im Sommer 1942 hatte er eine Serienfertigung der Rakete noch abgelehnt, weil für ihn der militärische Wert der Rakete nicht erwiesen schien (Neufeld Michael J. 1999, S. 179).

Aber die Dornberger-Präsentation am 7. Juli 1943 überzeugte Hitler davon, dass eine Wendung des Krieges mittels des Raketen-Einsatzes möglich sei (Dornberger 1992, S. 119; Neumann Hans-Joachim, Eberle Hendrik 2009, S. 244).

Hitlers Illusionen über das Tempo, in dem die A4 für den Einsatz fertiggestellt werden könnte, und über die Auswirkungen auf die britische Kriegsstrategie waren durch die opportunistischen Prognosen von Dornberger, Speer, Saur und Kammler bestärkt worden (Kershaw 2013, S. 823). Deren Prognosen und seine mangelnde technisch-wissenschaftliche Kompetenz verleiteten ihn dazu, völlig unrealistische Fristen für den Raketen-Einsatz vorzugeben (Neufeld 1999, S. 244).

Daraufhin plante das Heer den Beginn der Raketenoffensive gegen England für Ende 1943. – Im Juli 1944 war Hitler immer noch optimistisch bzgl. des Einsatzes der A4, obwohl inzwischen an der französischen Westküste alle Abschussrampen verloren gegangen waren, und obwohl er über den Stand der deutschen Rüstungs- und Treibstoffindustrie, verglichen mit den entsprechenden Kapazitäten der Alliierten, Bescheid wusste.

Hitler gab grünes Licht für die A4-Offensive. Er und seine engsten Berater, Himmler, Speer und Goebbels, entschieden sich bewusst gegen die Alternative „Kapitulation“. Sie wählten zum letzten Mal den Traum vom Endsieg (Lusar Rudolf 1971, S. 212).

Kurze Zeit später verinnerlichte Hitler, dass V1 und V2 nicht zur Bekämpfung der gegnerischen Häfen und Aufmarschgebiete taugten und dass sie kein Ersatz für die unterlegenen deutschen Kampfflugzeuge waren. Nach dieser Enttäuschung rückten bei Hitler die Einsatzmotive „Vergeltung“ und „Rache“ in den Vordergrund.

Dem Volk ließ er vorgaukeln, dass der Krieg durch den Einsatz der „Vergeltungswaffen“ in letzter Stunde noch gewonnen werden könne (Lusar Rudolf 1971, S. 214).

Die Alliierten antworteten auf Hitlers willkürlichen Einsatz der V1 und der V2 mit Bombenangriffen in einem zuvor nicht vorstellbaren Ausmaß.

4. Meilensteile der A4-Tragödie

03.10.1942	Peenemünde	Dornberger, Zanssen, Graf Stauffenberg	erfolgreicher A4-Flug - wird gefilmt
November 42		Hitler	Hitler billigt weiteres Arbeiten am Raketenprogramm
15.01.1943	Berlin	Speer, Degenkolb	Gründung des Sonderausschusses A4, Degenkolb übernimmt die Leitung
April 43	Peenemünde	Himmler, Fromm, Leeb,	1. Besuch Himmlers in Peenemünde
26. - 29. 05. 1943	Peenemünde	Olbricht, Dönitz, Brandt, Dornberger, v.Braun, Dr. Thiel, v.Stauffenberg	Vergleichsschießen; politische Willensbekundung bzgl. Massenproduktion A4 und Fi 103
29.06.1943	Peenemünde	Himmler, Dornberger,.v.Braun, Dr.Thiel	2. Besuch Himmlers in Peenemünde: A4-Abschuss gelingt; Information über A4-Aktivitäten und Chancen
07.07.1943	Wolfsschanze	Hitler, Speer, Saur, Dornberger, v.Braun	A4-Präsentation mit einem um Trickaufnahmen ergänzten Film; Hitler ordnet höchste Dringlichkeitsstufe an
17./18. 08. 1943	Peenemünde	Royal Air Force	Alliierter Bomberangriff; erhebliche Schäden; über 700 Tote
19. - 22. 8. 1943	Wolfsschanze	Hitler, Himmler, Speer, Saur, Kammler	Verlagerung der A4-Produktion an bombengeschützte Orte - Fertigung durch Gemeinschaftsunternehmen von RMfBuM und SS
November 43	Peenemünde	Degenkolb	begründet weitere Verzögerungen bei der A4-Entwicklung - A4-Einsatz noch in 1943 ausgeschlossen
05.03.1944	Obersalzberg	Hitler u.a.	Entscheidung, auch die Flugzeugindustrie in unterirdische Fabriken zu verlagern; Junkers übernimmt die Stollen 1 - 20 im Mittelwerk

08.05.1944	Berlin	Speer	Speer übernimmt wieder die Geschäfte im RMfKuM, versprüht Optimismus und drückt wieder aufs Tempo trotz Kenntnis der aussichtslosen Lage
06.06.1944	Normandie	Alliierte/ Luftwaffe	Beginn der Invasion der Alliierten; Beginn Fi-103-Einsatz in großem Maßstab
20.07.1944	Wolfsschanze	Hitler, v.Stauffenberg	Attentat auf Hitler; Himmler wird Chef des Ersatzheeres
06.08.1944	Berlin	Himmler, Kammler	Kammler erhält Sonder-Vollmachten zur Beschleunigung des .A4-Einsatzes,
08.09.1944	Westfront	Heer	der massive A4-Einsatz gegen England und Belgien beginnt, um Terror zu verbreiten und um Vergeltung zu üben

5. Wer stellte die Weichen?

5.1 Das Rüstungsministerium

5.1.1 Albert Speer

1905–1981; Architekt; ab 1931 Mitglied der NSDAP; ab 1934 zuständig für die gigantischen NS-Bauvorhaben; Generalbauingenieur für Berlin. Ab 1942 – im Alter von 37 Jahren – Reichsminister für Bewaffnung und Munition.

Bei ihm trafen Technikgläubigkeit, Neugierde und ein jugendliches Unsterblichkeitsgefühl zusammen. Als umtriebiger Manipulator wollte er oft nicht zwischen Fakten und Fabeln unterscheiden, und er glaubte in Folge selbst alles, was er sagte.

Der 16 Jahre ältere Hitler erfüllte ihn mit einer Kraft, die ihn über „die Grenzen seiner Möglichkeiten weit hinaus trug“, die bei ihm ein gesteigertes Identitätsgefühl auslöste und die die Ursache war für ein kompliziertes Gefühl der Verbundenheit mit Hitler“ (Zelle 2010, S. 347). Er teilte Hitlers Streben nach einer rassistischen Neuordnung Europas und Hitlers Überzeugung, dass Deutschland zur Weltherrschaft berufen sei (Zelle 2010, S. 353).

Hitler gefielen Speers Leistungswille, seine organisatorische Omnipotenz, sein fanatischer Siegesglaube und sein Durchhaltewillen sowie sein unbedingter Gehorsam (Salewski Michael, Schulze-Wegener Guntram 1995, S. 126)

Wie Hitler war Speer ein bewusster Verächter bürokratischer Regeln (Brechtken 2017, S. 217). Die Willkürmentalität und das forsche Durchgreifen der nationalsozialistischen Führung waren ihm zur zweiten Natur geworden. Mit seinem unbedingten Durchsetzungswillen und durch die bei ihm gegebene Kombination aus „Führernähe“, Organisationstalent und Arbeitsfähigkeit konnte er seine Ambitionen verwirklichen (Brechtken 2017, S. 219).

Bilder von Größe, Spitzentechnik, Geschwindigkeit und Produktionsrekorden hatten für ihn etwas Autosuggestives. Mit ihnen konnte er Hoffnungen beschwören, die in einem krassen Gegensatz zur Alltagserfahrung standen. Die Kapazitäten der Alliierten wurden von ihm – dem oberflächlichen Generalisten - nicht realistisch mit den deutschen Ressourcen verglichen und eingeschätzt. Dass die Übermacht der Alliierten ständig zunahm, wollte er nicht wahrhaben (Brechtken 2017, S. 237).

Nach seinen eigenen Worten lebte er in einer „nach außen … isolierten Wahnwelt“, womit er nicht allein stand. Seine Mitarbeiter im Rüstungsministerium, die Vertreter der Wehrmacht und der Industrie verhielten sich genau wie er und gehorchten dem gleichen Zeitgeist, obwohl die täglichen Pressemitteilungen ihnen hätten vor Augen führen können, dass das Dritte Reich unaufhaltsam seinem Untergang zutrieb (Zelle 2010, S. 347–350).

Er überschätzte sich als Generalist, dem alles schneller gelingen würde als anderen. Seine Vorliebe, selbst Hand anzulegen, trug zu seinem Macher-Image bei (Brechtken 2017, S. 225).

Speer war ein unkritischer Anhänger des Raketenprogramms, wie er später selbst zugab (Neufeld Michael J. 1999, S. 178). Da ihm aufgrund seiner Ausbildung und seiner bisherigen Tätigkeit das Urteilsvermögen bzgl. technischer Zusammenhänge fehlte, war er auf das Urteil loyaler Mitarbeiter angewiesen. Hitler hatte diese „Schwäche“ Speers frühzeitig erkannt und bei technischen Fragen eher auf Karl-Otto Saurs Urteil vertraut.

Zelle schätzte Albert Speer nicht als einen Fanatiker, sondern als einen unbekümmerten, gleichgültigen Nutznießer ein (Zelle 2010, S. 148). So hatte sich Speer im Sommer 1943 davon überzeugen lassen, dass mit der A4 der Kriegsverlauf gewendet werden könnte (Hölsken Heinz Dieter 1984, S. 205). Auch als die versprochene Treffgenauigkeit in den folgenden Monaten nicht annähernd erreicht wurde, kamen ihm keine Zweifel.

Selbst als in Hamburg zwischen dem 27.07. und dem 03.08.1943 bei mehreren alliierten Luftangriffen weit über 20.000 Menschen umkamen, wurde seine Überzeugung von den kriegsentscheidenden Fähigkeiten der A4-Rakete nicht erschüttert.

Speer hatte schon ab 1938 in großem Stil in Zusammenarbeit mit der SS KZ-Häftlinge, Zwangsarbeiter und später Kriegsgefangene für bautechnische Zwecke ausgebeutet. Nur eine Kooperation mit Himmler ermöglichte eine Verlagerung der A4-Fertigung in die unterirdischen Stollen (Brechtken 2017, S. 177). Vom Einsatz der KZ-Häftlinge bei der Verlagerung der Raketenproduktion versprach sich Speer außerdem, dass Spionage, Sabotage sowie jegliche Fluktuation ausgeschlossen werden könnten.

Als sich Speer im Dezember 1943 persönlich über den Baufortschritt im Mittelwerk informierte, bekam er eine mit Leichen übersäte Fabrik zu Gesicht (Tooze et al. 2007, S. 714). Trotzdem lobte er Hans Kammler, den Generalbevollmächtigten für die A4-Verlagerung, bei dessen Vorgesetzten, Pohl und Himmler, in den höchsten Tönen.

1944 hingen die Weiterführung des Krieges und die Hoffnungspropaganda ganz eng mit Speers Engagement als Redner und Motivator zusammen. Speers unermüdlicher Einsatz zur Aufrechterhaltung der Rüstungsproduktion, seine Durchhaltereden und seine Propagandafiktionen von Rüstungsrekorden und den Wunderwaffen V1 und V2 waren für die Motivation der leitenden Mitarbeiter der Mittelwerk GmbH im Jahr 1944 von großer Bedeutung (Brechtken 2017, S. 242).

5.1.2 Karl Maria Hettlage

1902–1995; Jurist, 1930 Assessor der Kölner Stadtverwaltung, Privatdozent, Mitbegründer der nationalsozialistischen Akademie für Deutsches Recht, 1934 Stadtkämmerer in Berlin, 1936 Prof. für Staats- und Verwaltungsrecht; gläubiger Katholik und trotzdem überzeugter Nationalsozialist, allerdings nicht Parteimitglied. 1936 bis 1942 Mitglied der SS. Er schuf 1938 die rechtlichen und die organisatorischen Voraussetzungen für die Enteignung und Räumung jüdischer Berliner Wohnbezirke im Auftrag des Generalbauinspektors für Berlin, Albert Speer (BAB R 4606/185ff, 1975). – Als gefragter Finanzexperte wurde er 1939 in den Vorstand der Commerzbank berufen.

Hettlage war eng vernetzt mit Oswald Pohl, dem Leiter des einflussreichen SS-WVHA, sowie mit der Deutschen Revisions- und Treuhand AG (DRT), der Wirtschaftsprüfungsgesellschaft, die im Auftrag des Reiches sowohl Staatsbetriebe als auch die Unternehmen der SS prüfte.

Mit Übernahme des „Generalreferates Wirtschaft und Finanzen" im Rüstungsministerium wuchs sein Einfluss als „graue Eminenz" auf höchster Ebene. Dank eines ausgeprägten Zahlen- und Organisations-Verständnisses galt er zeitweise als einer der einflussreichsten Männer im Rüstungsministerium (Dornberger 1992, S. 94). So unterstand ihm die Rüstungskontor GmbH, eine mächtige Einrichtung des Rüstungsministeriums für komplexe Rüstungsfinanzierungen, die spätere Gesellschafterin der Mittelwerk GmbH. Er bestimmte, für welche Zwecke die Rüstungskontor GmbH privatrechtlich organisierte Gesellschaften gründete und welche Finanzierungswege für diese Neugründungen beschritten wurden.

Schon Anfang 1943 hatte er zusammen mit Degenkolb, dem Leiter des Sonderausschusses A4, versucht, den Fertigungsbereich der Heeresanstalt Peenemünde in eine privatwirtschaftlich organisierte Gesellschaftsform zu überführen. Dies gelang aber erst im September 1943 mit Gründung der „Mittelwerk GmbH". Als stellvertretender Vorsitzender im Beirat derselben verfügte er stets über einen guten Einblick in die Verhältnisse bei der Mittelwerk GmbH (BAL R121/405, 544).

Sein „Generalreferat Wirtschaft und Finanzen" regelte die Finanzierung der Anlaufphase der Mittelwerk GmbH durch Darlehen der Rüstungskontor GmbH in Höhe von über 30.000.000 RM. Er wies das OKH an, alle in Rechnung gestellten A4-Geräte zu begleichen, ohne fehlerhafte, unbrauchbare Rückläufer in Abzug zu bringen. – Die Commerzbank wurde dank seines Einflusses die Hausbank der Mittelwerk GmbH.

Mit der reibungslosen Finanzierung des Mittelwerk-Ausbaus förderte Hettlage die Motivation der Führungskräfte und der Wachmannschaften, vermittelte er die Gewissheit, dass ihr Verhalten gut geheißen wurde und dass sie verrichteten, was von ihnen erwartet wurde.

Als die Kosten der Mittelwerk GmbH in 1944 anschwollen, während die A4-Erfolge auf sich warten ließen, beauftragte er die DRT, einen Überblick über den Stand der Mittelwerk GmbH zum 31.03.1944 zu beschaffen. Weil die entsprechende Untersuchung viele Fragen offenließ, gab er dem Revisionsamt der Rüstungskontor GmbH einen Revisionsauftrag zum 30. September 1944. Diesen schloss das Amt im März 1945 mit einem ausführlichen Prüfungsbericht ab (BAL R121/301ff). In diesem Bericht wurden die Arbeitsverhältnisse im Mittelwerk mit keinem Wort erwähnt.

Hettlage bewahrte seine loyale Haltung gegenüber Speer über 1945 hinaus.

5.1.3 Karl-Otto Saur

1902–1966; 1931 Mitglied der NSDAP; extrem fleißiger Maschinenbauingenieur, spezialisiert auf die Automatisierung von Arbeitsabläufen sowie auf die Dokumentation von Fertigungsteilen. Er machte bei Thyssen Karriere und pflegte einen engen Draht zu seinem späteren Arbeitgeber Todt, dem Rüstungsminister. Nach dessen Tod übertrug er seine Solidarität auf Speer, blieb Chef des „Technischen Amtes“ im Rüstungsministerium und wurde Speers Stellvertreter. Er unterstützte Speers Anliegen, Wirtschaftsfachleute und einflussreiche Manager aus der Industrie in die Arbeit des Ministeriums einzubinden.

Als Leiter des „Technischen Amtes“ im Rüstungsministerium, welches die technischen Angelegenheiten der Waffenherstellung wahrzunehmen hatte, begleitete Saur den Rüstungsminister zu dessen Gesprächen mit Hitler. Mit seiner Detailversessenheit konnte er Hitler imponieren. Damit wurde er allmählich zum Rivalen für Speer in dessen eigenem Ministerium.

Hitler betrachtete Saur als Genie in der Rüstung (Saur und Saur 2007, S. 145), von dem alle Schwierigkeiten auf diesem Gebiet überwunden werden könnten. Saur wiederum vergötterte Hitler. Selbst nach Hitlers Selbstmord ließ Saur nicht den geringsten Zweifel an der Größe dieses Mannes aufkommen.

Mit geschönten Produktionszahlen erwarb sich Saur bis in das Jahr 1944 bei Hitler den Ruf, die Waffenproduktion beliebig steigern zu können. Seine überzogenen Produktionsversprechen waren ein ständiges Diskussionsthema bei den Rüstungskonferenzen mit den Vertretern der Industrie; in der Regel wälzte Saur die Schuld an Lieferverzögerungen auf die Rüstungsindustrie ab, die unfähig sei, die – völlig überzogenen – Vorgaben zu erfüllen (Saur und Saur 2007, 103, 112).

Anfang Juli 1943 erzwang er die Akzeptanz führender Betriebsleiter und Unternehmer zu einem von 900 auf 2.000 A4-Geräte monatlich erhöhten Produktionssoll. Diese Vorgabe mit den entsprechenden Konsequenzen für die erforderlichen Bodengeräte, die Prüf- und die Nachschubeinheiten, die dafür benötigten Rohstoff- und die Treibstoffmengen war völlig wirklichkeitsfremd. Sie zeigte, dass der Sinn für Realitäten nicht Saurs Stärke war. – Einige Wochen später wurde seine überzogene Produktionsvorgabe allerdings mit den alliierten Luftangriffen auf die A4-Produktionsstandorte gegenstandslos.

Saur spielte auch im Jägerstab eine dominierende Rolle. Er sorgte im Frühjahr 1944 für die beschleunigte Verlagerung der Junkers-Triebwerke-Produktion in das Mittelwerk.

Als Opportunist stellte er eine ihm günstig erscheinende Zweckmäßigkeit über jegliche Grundsatz- und Prinzipientreue. Seine Versprechen bzgl. Waffen und deren Treffsicherheit, seine opportunen Unwahrheiten wurden gegen Kriegsende immer kühner. Um Hitler zu gefallen, versprach er das Unmögliche, zum Beispiel mit der A4 New York zu bombardieren, obwohl die Reichweite der A4 nur 250 km betrug (Saur und Saur 2007, S. 124). Er war ein Spezialist im Verdrängen von Tatsachen.

Aus seinem Opportunismus ergaben sich Lügengebäude mit ungeheuren Dimensionen (Saur und Saur 2007, S. 112)

5.1.4 Der Sonderausschuss A4 und Degenkolb

Der Sonderausschuss A4 wurde auf Veranlassung Speers am 15.01.1943 gegründet. Die Leitung erhielt Gerhard Degenkolb, ein Maschinenbauingenieur, der ab 1920 als Leiter mehrere Maschinenbaubetriebe geführt hatte, seit 1930 NSDAP-Mitglied war und als ambitioniert, energisch und durchsetzungsstark galt. Seit 1942 war er Leiter des „Hauptausschusses für Schienenfahrzeuge" gewesen. – Degenkolb verstand es, seine Erfolge gegenüber Speer, Saur und der Rüstungsindustrie gut zu „verkaufen".

Mit der Gründung des „A4-Sonderausschusses" gelangte das A4-Projekt aus dem Zuständigkeitsbereich des Heereswaffenamtes in den Zuständigkeitsbereich des Rüstungsministeriums. Dornbergers Position als Chef der Raketenabteilung des HWA wurde geschwächt.

Gründe für die Bildung des Sonderausschusses A4 waren die allgemeine A4-Euphorie, die Bevorzugung staatlich-privater Partnerschaften ohne die bürokratischen Hemmnisse des Heereswaffenamtes sowie eine erhoffte Beschleunigung der A4-Entwicklung. – Die Industrie wiederum versprach sich von der Teilnahme an dem Projekt eine bevorzugte Zuteilung von Rohstoffen, Maschinen und Arbeitskräften sowie einen für sie kostenlosen Technologietransfer (Neander 1997, S. 169).
Der Sonderausschuss sollte die Rakete möglichst schnell auf das Fließband bringen. Ihm wurden die dafür notwendigen Rohstoffkontingente und Produktionskapazitäten, Treibstoff und Arbeitskräfte bewilligt. Unter Degenkolb's Leitung wurde das komplexe Aggregat mit seinen 20.000 Teilen derart geändert, dass die Teilefertigung an Unterlieferanten gegeben werden und letztlich die A4 auf einer Taktstraße zum vollständigen Gerät zusammen gebaut werden konnten.

Der Sonderausschuss A4 delegierte seine Aufgaben an folgende Arbeitsausschüsse:

Dem Sonderausschuss A4 unterstanden mehrere Arbeitsausschüsse:

Bereich	*Leitung*
Fertigungsplanung/Serienfertigung	Albin Sawatzki
Zulieferungen	Paul Figge
Verlagerungen	Paul Figge
Bauten	Hans Kammler
Einrichtungen und Betriebsmittel	Dir. Reinhardt
Elektrische Geräte	Dir. Storch (Siemens Berlin)
Transport	Dir. Köster

Die Arbeitsausschüsse beschäftigten zeitweise bis zu 125 Mitarbeiter. Außerdem wurden hochrangige Vertreter der Industrie eingebunden, die Einblick gewannen und Einfluss auf die Vorbereitungen der A4-Fertigung ausüben sollten.

Arthur Rudolph, Technischer Direktor in Peenemünde und ebenfalls Mitglied des Sonderausschusses A4, hatte beim Besuch des HEINKEL-Werks in Dessau den Eindruck gewonnen, dass sich dort der Einsatz von KZ-Häftlingen in der Serienfertigung von Teilen und Baugruppen für die HE 177 bewährte. Sein euphorischer Besuchsbericht führte in der Folge zu dem gewissenlosen Arbeitseinsatz von KZ-Häftlingen in der gesamten Rüstungsindustrie (Neufeld Michael J. 1999, 138, 221–226).

Degenkolb hatte im Sommer 1943 das Monatssoll von 600 auf 900 Geräte erhöht und mit der A4- Fertigung (1) Peenemünde, (2) die RAX-Werke in Wiener-Neustadt und (3) die Zeppelin-Werken in Friedrichshafen beauftragt. Er glaubte zu jenem Zeitpunkt noch, dass Wien und Friedrichshafen für feindliche Flugzeuge nicht erreichbar wären.

Als ungelöstes Problem blieb für ihn die Absicherung der A4-Montage in Peenemünde gegen Luftangriffe. Deshalb besuchten im Sommer 1943 Mitglieder des Sonderausschuss A4 die unterirdischen Lagerräume der WIFO im Kohnstein bei Nordhausen/Thüringen. In der Folge musste die WIFO ihre Stollen räumen. Zwischen dem Rüstungsministerium und der WIFO wurde ein Pachtvertrag ausgehandelt.

Nach den Bombenangriffen auf Friedrichshafen am 22. Juni 1943, auf die RAX-Werke am 13. 8. 1943 und in der Nacht vom 17./ 18. 8. 1943 auf Peenemünde entschieden Hitler, Speer und Himmler, die Raketenproduktion sofort in die WIFO-Stollen zu verlagern. Himmlers Angebot, mithilfe von KZ-Häftlingen die WIFO-Stollen im Kohnstein auszubauen und für die Produktion einzurichten, wurde angenommen.

Himmler ernannte daraufhin den ehrgeizigen und fanatisch von seiner Arbeit besessenen Hans Kammler, Chef der Arbeitsgruppe C/Bauten im SS-WVHA, der sich schon mit dem Bau der Konzentrations- und der Vernichtungslager sowie der Krematorien einen Namen gemacht hatte, zum Sonderbeauftragten für die Verlagerung der A4-Fertigung und stattete ihn mit außerordentlichen Vollmachten aus (Neander 1997, S. 62).

Der Sonderausschuss A4 bezog im September 1943 Geschäftsräume in der Nähe des Kohnstein. – Er veranlasste im November 1943, dass auch die A4-Fertigung der RAX-Werke in das Mittelwerk verlagert wurde.

Im April 44 waren die Aufgaben des Sonderausschusses A4 im Wesentlichen bewältigt. Degenkolb wurde abberufen. Auch seine Funktionen hatte Hans Kammler übernommen.

5.1.5 Jägerstab und Rüstungsstab

Im Februar 1944 begannen die Alliierten mit der systematischen Bombardierung der deutschen Flugzeugindustrie. Die von Göring groß angekündigte Erhöhung der Jäger-Produktion war gefährdet. Daraufhin veranlasste Hitler die Verlagerung der gesamten Flugzeugindustrie in unterirdische Räume.

In der Folge wurde im Rüstungsministerium der „Jägerstab“, ein Krisenstab aus Vertretern des RLM, des Rüstungsministeriums sowie der Industrie gebildet. Die Leitung übernahm Karl Otto Saur. Die Aufgaben des Jägerstabes: der Wiederaufbau der Flugzeugindustrie, die Dezentralisierung derselben, die Schaffung bombensicherer Fertigungsstätten für die Flugzeugindustrie.

Dem Jägerstab dienten die Hauptausschüsse als Nahtstellen zwischen den Reichsbehörden und den Industriebetrieben (Tooze et al. 2007, S. 643).

Das „Technische Amt“ im Rüstungsministerium setzte die Ziele und ließ der Industrie freie Hand beim Realisieren der Vorgaben (Tooze et al. 2007, S. 646).

Zu den energischsten Mitgliedern des Jägerstabes gehörte wiederum Hans Kammler vom SS-WVHA, der sich durch den termingerechten Ausbau der Stollen für die A4-Fertigung qualifiziert hatte (Kaienburg 2003, S. 1095). Kammlers Erfolgsrezepte: „Rationalisierung“, „Selbstverwaltung der Industrie“ und brutaler Einsatz von KZ-Häftlingen auf seinen Baustellen (Tooze et al. 2007, S. 719).

Hitler stattete auch den „Jägerstab“ mit erweiterten Sondervollmachten aus. Dazu gehörte die Blanco-Vollmacht, jeden aus dem Weg zu räumen, der sich dem Jägerstab in den Weg stellen würde (Tooze et al. 2007, S. 719). Die Mitglieder hatten sich den Weisungen des Vorsitzenden zu fügen, damit Kompetenzstreitigkeiten vermieden würden.
Nun erfolgte die Produktionsplanung der Luftwaffe nicht mehr durch das RLM, sondern durch den Jägerstab. Dieser straffte die Jäger-Produktion. Aufgrund bevorzugter Zuweisung von Material und aufgrund des Zugriffs auf KZ-Häftlinge stieg die Flugzeugproduktion kurzfristig um 50 %.

Die Entwicklung der Flugzeugproduktion wurde aber durch die Luftangriffe der Alliierten auf die rumänischen Ölfelder und die deutschen Hydrieranlagen in Frage gestellt. Der Ausstoß von Flugbenzin verringerte sich von 175.000 Tonnen im April auf 54.000 Tonnen im Juni 1944. Ohne Treibstoff war die Produktion von Jagdflugzeugen zwecklos (Baranowski 1995, S. 264).

Mit Erlass des Rüstungsministeriums setzte der „Rüstungsstab“ ab August 1944 die Arbeit des „Jägerstabes“ fort. Der Rüstungsstab war für sämtliche Rüstungsprogramme zuständig (BAL R 7 / 1192). Offizieller Leiter blieb Karl-Otto Saur vom Rüstungsministerium. Das tatsächliche Sagen hatte auch im „Rüstungsstab“ Hans Kammler, den Himmler zu seinem „Generalbevollmächtigten für das A4-Programm und dessen Fronteinsatz“ ernannte. Kammler wurde zudem die treibende Kraft bei der Verlagerung der Fi-103-Fertigung in das Mittelwerk und bei der Fertigungsplanung für den „Volksjäger“ HE 162.

5.2 Die SS-Organisation

5.2.1 Heinrich Himmler

1900–1945, Diplom-Landwirt. Antisemit seit seiner Jugend; 1923 NSDAP-Mitglied, 1925 SS-Mitglied, 1929 Reichsführer SS; 1936 vollständige Kontrolle über die Polizei, die Konzentrationslager und den Inlandsgeheimdienst. Aufbau militärischer, nicht der Wehrmacht unterstehender Verbände (Waffen-SS). 1939 Reichskommissar für die Festigung des deutschen Volkstums; 1943 Reichsinnenminister; ab August 1944 Chef der Heeresrüstung und damit Vorgesetzter des HWA und Befehlshaber des Ersatzheeres.

Ihn trieb die politische Idee, dass Deutschland nicht über den ihm zustehenden und für seine Entfaltung notwendigen Raum verfüge und dass es Deutschland angesichts einer angenommenen ethnischen Überlegenheit über das „Gemisch aus Rassen und Völkern" (Zelle 2010, S. 213) zustehe, sich diesen Raum auf Kosten von als minderwertig erachteten Menschen zu erobern. Diese seine Ideen waren mit dem Aufstieg der NSDAP in der deutschen Bevölkerung mehrheitsfähig geworden. Sie prägten daher seit der Regierungsübernahme maßgeblich die deutsche Politik (Historisch-Technisches Museum Peenemünde (Hrg.) 2016, S. 8)

Himmlers eigentliche Stärke war die Fähigkeit, seine Ideologien mit seiner Machtpolitik zu verbinden (Longerich 2010, 2010, S. 769). Hitler erkannte und nutzte Himmlers Eigenschaften: sein massives Machtstreben, seine Fähigkeit, Menschen zu führen, sein Organisationstalent, seine Beharrlichkeit und seine bedingungslose Treue (Zelle 2010, S. 245).

Für Himmler waren nach dem Stand der Technik weder die Fi-103 noch die A4 eine angemessene Antwort auf die alliierten Bomberflotten, die bei einem einzigen Angriff Tausende Tonnen Sprengstoff in den Zielgebieten platzierten (Longerich 2010, S. 707). Aber sein Sinn für ausgefallene, utopische Projekte und Dornbergers Präsentation 1943 bewirkten, dass er zeitweise an einen durch A4-Angriffe erzwingbaren Waffenstillstand mit England glaubte.

Dass Himmler – durch seinen hauseigenen SD-Nachrichtendienst stets umfassend informiert – schon im Herbst 1942 und erst recht im Sommer 1943 nicht mehr auf einen deutschen Sieg setzte, belegen seine Gespräche mit Goebbels (Zelle 2010, S. 243). Aber sein Machthunger und seine persönliche Bindung an Hitler waren stärker als das Bedürfnis, Konsequenzen aus der realistischen Einschätzung der Lage zu ziehen (Longerich 2010, S. 721).

Er teilte Hitlers Wunsch, mit England einen Waffenstillstand zu erreichen, um für den Kampf um den Lebensraum im Osten den Rücken freizubekommen (Zelle 2010, S. 217). Ebenso teilte er Hitlers Ansichten gegenüber Russen und Polen, welche Platz für die deutschen Siedler zu machen hätten und die rücksichtslos ausgebeutet werden könnten, weil ihr Leben nichts wert war. Wenn die SS ihre Pflicht tue, werde „der Führer das größte Reich schaffen, das von der Menschheit errichtet wurde und das die Menschheit je gesehen hat" – zitiert bei (Zelle 2010, S. 185).

Für ihn zählten Tugenden wie Treue, Gehorsam, Kameradschaft, Fleiß und Wahrhaftigkeit, der Glauben an das deutsche Recht und die Überzeugung vom deutschen Sieg, der dank Härte, Kampfkraft und Opferbereitschaft der deutschen Soldaten errungen wird. Aus seiner Sicht zeichneten sich Führungspersönlichkeiten durch hundertprozentigen Glauben an die NS-Ideologie, durch überdurchschnittliche Fähigkeiten, absolute Rücksichtslosigkeit gegenüber sich selbst und anderen und durch ein außerordentliches Streben nach Macht und Einfluss aus (Zelle 2010, S. 189).

Am 20. August 1943 belohnte Hitler ihn mit dem Oberbefehl über sämtliche Aktivitäten im Zusammenhang mit der Verlagerung der A4-Fertigung und mit dem Aufbau der unterirdischen Produktionsstätte.

5.2.2 Hans Kammler

1901–1945; Architektur-Studium, 1928 Regierungsbaumeister. Seit 1931 NSDAP-Mitglied. 1932 Dr.- Ing., 1937–1941 Referent im RLM und Führer beim Stab des RuSHA. Ab Juni 1941 Chef der „Arbeitsgruppe C/Bauwesen“ im SS-WVHA. Als solcher führte er seit 1942 die Oberaufsicht über alle Bauvorhaben der KZ-Lager, der Gaskammern und der Krematorien. Vor Ort spielte er seine Stärken aus, nämlich die Planung und die Organisation von komplexen Arbeitsabläufen bei größeren Bauvorhaben.

Die Einschätzung Kammlers durch Speer: „Kammler machte einen so energischen, frischen und rücksichtslosen Eindruck wie Heydrich: gut erzogen, jederzeit zu unerwarteten Entschlüssen fähig, die er mit seltener Hartnäckigkeit gegen alle Widerstände durchzusetzen suchte, mit schneller Auffassungsgabe, ein rücksichtsloser, kalter Rechner, ein Fanatiker in der Verfolgung seiner Ziele“ (Speer 1969, S. 383).

Kammler suchte den Druck und die Macht, die von der Arbeit mit intelligenten, hoch motivierten Leuten ausgeht, die selbst auch unter Stress, Termindruck und Anspannung stehen.

Im August 1943 wurde Kammler Mitglied im „Sonderausschuss A4“ und dort zuständig für den Ausbau der Stollen im Kohnstein für die A4-Fertigung, ab 1944 als Mitglied des Jägerstabs auch für die Verlagerung der Fertigung von Motoren, Düsentriebwerken und Strahlflugzeugen in die Stollen (Dornberger 1992, 1992, S. 221). Mit diesen zusätzlichen Funktionen war für ihn jeweils ein beachtlicher Machtzuwachs verbunden (Hölsken Heinz Dieter 1984; Baranowski 2000; Wagner 2001, S. 70).

Er erbrachte für Hitler den Nachweis, dass die Untertageverlagerung eines Großbetriebes der Rüstungsindustrie in kürzester Zeit mit Hilfe seiner SS-Bauorganisation möglich war (Neander 1997, S. 196). Die Verlagerung der A4-Fertigung in die Mittelwerk-Stollen war für ihn das Prestigeprojekt, mit dem er sich bei Hitler und Himmler für die nächsten Aufgaben positionierte, z. B. die Verlagerung der JUNKERS-Motorenproduktion in das Mittelwerk (Hess Thorsten, Seidel Thomas A. 1995, S. 52).

Seine Einstellung: „Kümmern Sie sich nicht um die menschlichen Opfer. Die Arbeiten müssen vorankommen, und das in möglichst kurzer Zeit!“

(Wagner 2001, S. 359). Damit entsprach er Himmlers Vorstellung von schrankenloser Brutalität, wenn sie den Kriegszielen diente.

Sein Erfolgsrezept: Einsatz von leistungsfähigen, privaten Bauunternehmen zusammen mit KZ-Häftlingen beim Bau von Unterkünften, beim Bau der Gaskammern und der Krematorien sowie bei der Untertageverlagerung von Rüstungsbetrieben (Wagner 2001, S. 70).

Im August 1944 ernannte ihn Himmler zum „Generalbevollmächtigten für das A4-Programm und dessen Fronteinsatz". In dieser Funktion unterstand er nun direkt Himmler. Er hatte das militärische und sicherheitstechnische Oberkommando bzgl. der A4. Und er bündelte die Baumaßnahmen, den Häftlingseinsatz, die Serienfertigung und die Montage der A4 im Mittelwerk.

Reichsluftfahrt-Minister Göring übertrug ihm im Januar 1945 auch das Kommando über Fertigung und Einsatz der Fi-103.

5.2.3 Die KZ-Leiter Otto Förschner und Richard Baer

Otto Förschner

1902–1946; wechselte 1934 von der Reichswehr zur SS; Einsatz an der Ostfront 1941/42; befehligte bis August 1943 die SS-Wachmannschaften im KZ Buchenwald. Im September 1943 übernahm er die Leitung des neu gegründeten Buchenwald-Außenlagers Dora. In dieser Funktion unterstand er bis Oktober 1944 dem Leiter des KZ Buchenwald, nach der Verselbstständigung von Mittelbau-Dora im Oktober 1944 unterstand er direkt dem SS-WVHA/ Amtsgruppe D.

Die Behandlung der Häftlinge im Lager war Sache des Kommandanten des KZ-Außenlagers, während für den Arbeits-Einsatz der Häftlinge die Arbeitseinsatzabteilung der Mittelwerk GmbH zuständig war.

Bis zu seiner Versetzung im Februar 1945 gehörte Förschner der Geschäftsleitung der Mittelwerk GmbH an. Ihm war die Funktion des

Abwehrbeauftragten übertragen worden. Als solcher sollte er die Geheimhaltung des Schriftverkehrs überwachen und den Kontakt der zivilen Mitarbeiter zu den Häftlingen auf ein Mindestmaß beschränken. Privater Umgang mit den Häftlingen wurde mit Schutzhaft bestraft (Bornemann 1994, S. 94).

Im übrigen war der Einfluss Förschners auf die Mittelwerk-Organisation gering.

Richard Baer

1911–1963; war von März 1944 bis Januar 1945 Kommandant des KZ Auschwitz I, ab Februar 1945 als Nachfolger von Förschner Kommandant des KZ Mittelbau-Dora.

Unter ihm verschärfte die SS den Druck auf die Häftlinge derart, dass es Sawatzki gelang, die A4- und die Fi 103-Produktion bis März 1945 aufrecht zu erhalten.

5.2.4 Die Wachmannschaften

Die Wachmannschaften hatten die Häftlinge auf dem Weg von ihren Unterkünften zu den Stollen sowie während der Arbeit zu bewachen, zu betreuen, mit Getränken zu versorgen und die Disziplinargewalt auszuüben. Sie hatten nicht mehr arbeitsfähige Häftlinge auszusortieren und für Ersatz zu sorgen.
Um die Arbeitshäftlinge willenlos und widerstandsunfähig zu machen, ließ man sie hungern. Eine aufgabengerechte medizinische Betreuung unterblieb weitgehend.
Schikanen, Misshandlungen und Morde dienten der Aufrechterhaltung der internen Lagerherrschaft und sollten den „Arbeitseifer“ der Zwangsarbeiter steigern. Das Bewachungspersonal wurde angehalten, zu prügeln, zu treten, zu quälen und zu schikanieren. Der Phantasie der Täter waren keine Grenzen gesetzt.
Die SS nannte dies Vorgehen „Verschrottung durch Arbeit“. Die Gefangenen sollten das Lager niemals als Lebende verlassen, sondern

für Deutschland und für den Sieg Deutschlands bis zu ihrem Tod arbeiten (Palachy, Erhard, Pelny, Kurt 1990, S. 30).

Ein Bestandteil des Lagerterrors war die Prügelstrafe während der Arbeit in den Stollen, auch in Anwesenheit der zivilen Belegschaft. Hinrichtungen in großem Stil fanden im Herbst 1944 nach der Aufdeckung der Widerstandsbewegung statt. Im März 1945 wurden zwei Massenhinrichtungen in den Stollen vorgenommen. Die arbeitenden Häftlinge sowie die Zivilarbeiter mussten aus Gründen der Abschreckung an diesen Hinrichtungen teilnehmen.

Hitler schlug sogar präventive Maßnahmen vor, etwa die Androhung, jeden 10. Häftling zu erschießen.

Ideologische Überzeugung, moralische Abstumpfung, Gruppendruck, Autoritätshörigkeit und die Furcht vor Strafen für abweichendes Verhalten dürften das Verhalten der Wachmannschaften bestimmt haben. Wer den Anweisungen der Vorgesetzten nicht Folge leistete, hatte die Abordnung zu einer Waffen-SS-Division an der Ostfront zu befürchten.

Mit Äußerungen wie „Denkt an Eure Frauen und Kinder und was die Bolschewiken mit ihnen machen, wenn wir den Krieg verlieren!“ wurden die Wachmannschaften zusätzlich für ihr brutales Verhalten motiviert.

Eine große Rolle bei der Motivation der Mannschaften spielten der geregelte Sold, verbale Anerkennung, Beförderung, Sonderurlaub und weitere Vergünstigungen. Sie vermittelten dem Wachpersonal den dauerhaften Eindruck, sich in Erwartung des großen Endsieges nützlich zu machen.

Die Angehörigen der Wachmannschaften stammten ab Frühjahr 1944 auch aus dem Heer und aus der Luftwaffe. Das Verhalten dieser Männer wurde von überlebenden Häftlingen als weniger brutal geschildert.

6. Wer wurde getrieben?

6.1 Die WIFO und die Rüstungskontor GmbH

Die Wirtschaftliche Forschungsgesellschaft mbH WIFO war 1935 als Organ des Reichswirtschaftsministeriums für die Beschaffung, Lagerung und Herstellung von kriegswichtigen Rohstoffen gegründet worden. Ihre Hauptaufgaben waren der Bau und der Betrieb von Großtankanlagen sowie der Betrieb einer Flotte von Kesselwagen und von Frachtschiffen. Die Geschäftsanteile der WIFO wurden 1944 vom Reichswirtschaftsministerium auf das Rüstungsministerium übertragen. Die WIFO-Außenstelle NI (NI = Abkürzung für den Ortsteil Niedersachswerfen) am nördlichen Rand des Kohnsteins errichtete seit 1936 ein bombensicheres Kraftstofflager. Bis 1943 waren zwei Fahrstollen A und B mit je 1,8 km Länge und einer Höhe von bis zu 30 m in den Kohnstein gesprengt. 42 Querstollen mit je ca. 160 m Länge verbanden diese Fahrstollen. Die Kammern 43–46 waren noch nicht ausgebaut. In beiden Fahrstollen verliefen bis Kammer 17 Normalspurgleise der Reichsbahn. In den ersten 4 Kammern waren Benzin- und Rohölfässer gelagert. Die Kammern 25–42 waren für den Einbau von Tanks kreisrund ausgelegt. Die Sohle dieser Kammern lag unter dem Fahrstollenniveau. Hier waren vor dem Aufstellen der Transportanlagen für die Raketenmontage umfangreiche Bauarbeiten erforderlich, die mehreren Tausend Häftlingen das Leben kosteten.

Anlage 2: Plan der unterirdischen Hohlräume im Kohnstein 1943

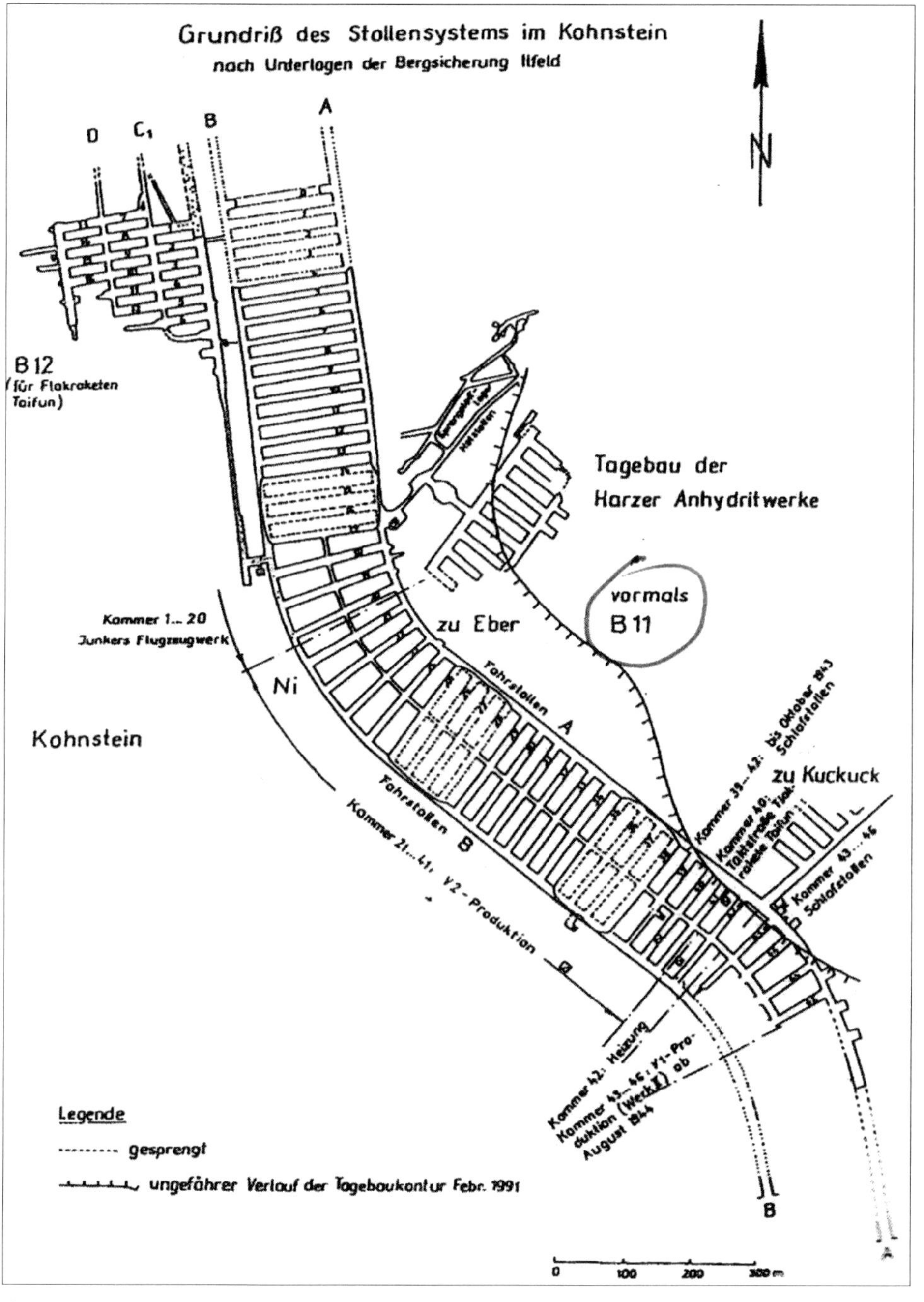

Quelle: KZ-Gedenkstätte Mittelbau Dora

Die WIFO NI verfügte über einen erfahrenen Bau-Stab. Sie fungierte als Generalbauunternehmer und als technisch-wirtschaftliches Bauingenieur-Büro. Sie griff zurück auf namhafte Bau- und Industriefirmen, z. B. die Philipp Holzmann AG, Grün & Bilfinger und die Firma Schachtbau Gebhardt & König in Nordhausen (Bähr 2006; Bornemann 2003, S. 49).

Mit der Durchführung der Aus- und Umbaumaßnahmen in den Stollen im Herbst 1943 wurde die WIFO von Sawatzkis Arbeitsausschuss „Serienfertigung“ im Sonderausschuss A4 beauftragt. Ab diesem Zeitpunkt konnte die WIFO nicht mehr über die Stollen, welche die Mittelwerk GmbH angemietet hatte, verfügen.

Zusätzlich zum Fertigstellen der Fahrstollen wurden der WIFO folgende Aufgaben übertragen: Räumung des WIFO-Lagers, Ausbau der Stollen bis zur Produktionsreife für die A4, Erstellen der Anlagen zur Versorgung mit Frischluft, Wasser, Energie und der Ausbau der Verkehrsanbindungen. Die Arbeiten wurden unter Aufsicht der WIFO von Bauunternehmen unter Einsatz der KZ-Häftlinge erbracht.

Bauaufgaben im Jahre 1943

„Die wesentlichsten Aufgaben zum Ausbau des Werkes bestanden daher im

1. *Vortrieb des Fahrstollens A zwecks Schaffung der zweiten Verbindung mit der Südseite (Tunnel A),*
2. *Ausschießen der noch anzulegenden Hallen 43–50,*
3. *Auffüllen der Hallen 25–42 bis zu einem Drittel ihres Kreisprofils mit Gesteinsbruch,*
4. *Vertiefen der Hallen 29, 33, 38, 40 und 41 für Fertigungszwecke,*
5. *Abteufen von Luftschächten,*
6. *Installieren des Maschinenparks,*
7. *Installieren der übrigen Einrichtungen.*

Bis zum Jahresende hatte man von diesen Aufgaben folgende durchgeführt [70]: Die Anfang Oktober 1943 ca. 98.000 qm umfassende Anlage wurde auf 110.600 qm, d.h. um 12600 qm oder 125.000 cbm erweitert. Von den 125.000 cbm Anhydrit, die ausgebrochen wurden, entfielen 22.000 cbm auf die Vertiefung der fünf oben genannten Hallen und ca. 100000 cbm auf den Vortrieb im Fahrstollen A und in den Hallen 43, 44 und 45 [70]. Mit 48000 cbm Gesteinsbruch wurden die kreisrund ausgeschossenen Hallen 25–28, 30–32, 34–37, 39 und 42 aufgefüllt und planiert [70]. Sämtliche Tanks und Behälter der Wifo wurden demontiert und zusammen mit den gelagerten technischen Ölen, Treibstoffen und chemischen Kampfstoffen abtransportiert. Sie sollen in die Tschechoslowakei verlagert worden sein [45].“

Bornemann 2003, S. 58 und 60

Der Maschinen- und Gerätepark der WIFO setzte sich am 31. Dezember 1943 zusammen aus: 9 Baggern, 20 Kompressoren, 250 Bohrhämmern, 24 Loks, 270 Mulden- und Kastenkippern, 12 km Fördergleis, 16 Mischmaschinen, 6 Asphaltkochern, 3 Förderbändern, 5 DEMAG-Verdichtern, 12 Pumpen, 3 Portalkränen, 3 Straßenwalzen, 23 Schneide- und Schweißapparaten, 30 Spritzpistolen, 2 Aufzügen, 37 Lastkraftwagen, 15 Personenkraftwagen, 7 Omnibussen, 8 Treckern (Quelle: Leistungsabrechnung der WIFO für die Mittelwerk GmbH vom 31. 12. 1943, zitiert bei Bornemann 2003, S. 62).

Dort, wo diese Maschinen in den Stollen eingesetzt wurden, war höchste Konzentration der Häftlinge erforderlich. Das Tempo der Maschinen bestimmte das Arbeitstempo der Häftlinge und bedeutete für diese enormen Kräfteverschleiß und ständig hohe Unfallgefahr (Neander 1997, S. 194).

Die Mittelwerk GmbH sollte laut Erlass des Rüstungsministers von August 1944 Eigentümerin der Stollen im Kohnstein werden (BAL NS4, Anh. 32, Bl. 4). Daraufhin erstreckte sich die organisatorische Übergabe auf das gesamte Personal, Inventar und Material der WIFO-Außenstelle. Sämtliche Rechte und Pflichten gingen auf die Mittelwerk GmbH über (BAL NS4, Anh. 31, Bl. 107–109). Die WIFO-Außenstelle NI führte ab September 1944 die Bezeichnung „Mittelwerk GmbH Bauverwaltung“ (NS 4/Anhang/32, Bl.4).

Die Verhandlungen zwischen der Mittelwerk GmbH und der WIFO über den Kaufpreis für die Stollen wurden nicht beendet; die WIFO blieb Eigentümerin der Stollen, und die Mittelwerk GmbH blieb deren Pächterin.

6.2 Die Mittelwerk GmbH – Gründung, Merkmale, Aufgabenverteilung

Am 21. September 1943 wurde die Betriebsgesellschaft „Mittelwerk GmbH“ für die unterirdische Fertigung der A4 gegründet und am 7. Oktober 1943 in das Handelsregister Berlin-Charlottenburg eingetragen (BAL R 121/405).

Der eingetragene Gegenstand des Unternehmens lautete: „Herstellung und Bearbeitung von Eisen und Metallwaren sowie Geschäfte ähnlicher Art“. Der eigentliche Geschäftszweck jedoch war, die A4-Rakete in kürzester Zeit in großen Stückzahlen zu fertigen. Dabei sollten die in der Privatwirtschaft üblichen Grundsätze von Effektivität, Wirtschaftlichkeit und Rentabilität beachtet werden.

Juristischer Sitz war Berlin-Charlottenburg, Sitz der Geschäftsleitung wurde Ilfeld in der Nähe des Kohnsteins. Geschäftsjahr: 1. 4. bis 31. 3. des Folgejahres. Die Kapitalausstattung – anfänglich 1.000.000 RM – sollte zu gegebener Zeit entsprechend dem Geschäftsumfang angepasst werden (BAL R 121/373).

Gesellschafter der Mittelwerk GmbH war ab Oktober 1943 die „Rüstungskontor GmbH“, ein Finanzierungsorgan des Rüstungsministeriums. Prof. Karl Maria Hettlage, Leiter des „Generalreferats Wirtschaft und Finanzen“ im Rüstungsministerium, koordinierte die gesellschaftsrechtlichen und finanziellen Fragen im Zusammenhang mit der Gründung.

In der Satzung vom 6. Oktober 1943 waren die Organe mit ihren Funktionen geregelt:

- die Gesellschafterversammlung, die die Geschäftsführer bestellt,
- der Beirat mit dem Recht, der Geschäftsführung Geschäftsanweisungen zu erteilen, Führungskräfte einzustellen und Aufgaben zu verteilen,
- die Geschäftsführer, die die Geschäfte in eigener Verantwortung zu führen hatten nach Maßgabe der Gesetze, der Satzung und der Geschäftsordnung (BAL - R121/405, 457).

Zu Geschäftsführern wurden bis April 1944 ernannt

- Dipl.-Ing. Dr. Kurt Kettler,
- Otto Förschner, der Lagerführer des Buchenwald-Außenlagers „Mittelbau-Dora"
- Otto Karl Bersch
- Dipl.-Ing Georg Rickhey als Vorsitzender der Geschäftsleitung (Generaldirektor).

Die Geschäftsführung der Mittelwerk GmbH, Mai 1944:

Generaldirektor Georg Rickhey
Einkauf und Gefolgschaft

Dir. Dr. Kurt Kettler Geschäftsführer *Betriebsdirektionen I u. II*	SS-Sturmbannf. Otto Förschner Geschäftsführer *Abwehrbeauftragter*	Dir. Otto Karl Bersch Geschäftsführer *Verkauf, Rechnungswesen, Allgemeine Verwaltung*
Betr.-Dir. Arthur Rudolph *Fertigung u. Montage*	Betr.-Dir. Otto v. Bovert *Armaturen, Versand, Bauwesen*	Dir. Albin Sawatzki *Planung*

Wagner 2001, S. 200

Merkmale der Mittelwerk GmbH:

- staatlicher Rüstungsbetrieb, der seine Aufträge im Wesentlichen vom OKH und vom OKL erhielt
- in erster Linie Montagebetrieb, allerdings mit steigendem Fertigungsanteil (Heck, Mittelteil, Rudermaschinen für A4, Fi-103)
- das Hauptprodukt A4 noch im Entwicklungsstadium
- Leitung nach kaufmännischen Grundsätzen unter Einsatz der „doppelten Buchführung"
- extremer Termindruck von außen.

Funktionspersonal der Mittelwerk GmbH

Mittelwerk GmbH

Gesellschafter:	
Dir. Heinz Schmidt-Lossberg (als Vertreter der Rüstungskontor GmbH)	24.9.43 - 04/45
Dir. Dr. Friedrich Schulte-Langforth	24.9.43 - 11.10.43
Beirat:	
Dr. Gerhard Degenkolb (Vors., Sonderausschuß A4)	24.9.43 - ?
Prof. Dr. Karl-Maria Hettlage (stv. Vors.)	24.9.43 - ?
General Walter Dornberger	24.9.43 - ?
SS-Gruppenführer Hans Kammler	24.9.43 - ?
Heinz Schmidt-Loßberg (Rüstungskontor GmbH)	24.9.43 - ?
Geschäftsführung:	
Dir. Dr. Ing. Kurt Kettler	24.9.43 - ?
Dir. SS-Stubaf. Otto Förschner (ab 04/44 als Abwehrbeauftragter	10/43 - 01/45
Dir. Otto Karl Bersch	12/43 - 01/45
Dir. Dipl. Ing. Georg (Johannes) Rickhey	13.4.44 - 04/45
Der Geschäfsführung unmittelbar unterstehende Abteilungen:	
Planung:	
Dir. Albin Sawatzki	?
Zentralstellen:	
Dr. Arnold	?
Außenstellen (Büros Berlin und Prag):	
Dr. Schüning	?
Werksicherheit:	
SS-Ostuf. Schwohn	?
Betriebsdirektion I (BD 1):	
Betriebsdirektor: Ing. Arthur Rudolph	?
Stv.: Hauptabteilungsleiter Dipl. Ing. Seidenstücker	?
Betriebsdirektion II (BD II):	
Betriebsdirektor: Ing. Otto von Bovert BD 2	?
Stv.: Hauptabteilungsleiter Dipl. Ing. Scheele	?

Wagner 2001, S. 659

Die Mittelwerk GmbH trat in alle Rechte und Verbindlichkeiten ein, die aus Aufträgen des HAP an die A4-Fertigungswerke (die Zeppelinwerke, die RAX-Werke und die DEMAG-Fahrzeugwerke) und die Leitfirmen entstanden waren. Die Mittelwerk GmbH hatte alle finanziellen Aufwendungen zu ersetzen, die der HAP aus geleisteten Zahlungen für die vergebenen Aufträge entstanden waren. Das betraf auch die Kosten für eine vorzeitige Ablösung von Krediten zur Finanzierung von Fertigungseinrichtungen bei den genannten Auftragnehmern (BAL - NS4, Anh./31,32).

Kettler rechnete für die Zeit von September 1943 bis März 1944 mit einem Finanzbedarf von ca. 150.000.000 RM. Die Deckung sollte im Wesentlichen durch Anzahlungen des OKH für A4-Lieferungen erfolgen. Darüber hinaus gehender Kapitalbedarf sollte durch einen Kredit der Rüstungskontor GmbH gedeckt werden. Dieser belief sich am Jahresende 1943 auf ca. 31.000.000 RM. Finanzmittel-Anforderungen wurden an das Generalreferat „Wirtschaft und Finanzen“ im Rüstungsministerium gerichtet.

Ob die Umwandlung des Buchenwald-Außenlagers Dora in das selbstständige Konzentrationslager Mittelbau-Dora im Oktober 1944 für den Betrieb der Mittelwerk GmbH Folgen hatte, ist aus den verfügbaren Quellen nicht zu erkennen.

6.2.1 Die Geschäftsführer Kettler und Rickhey

Dr. Kurt Kettler

1902–(?); Dr.-Ing., Geschäftsführer der BORSIG-Lokomotiv-Werke; NSDAP-Mitglied; geprägt vom Gedankengut des RuSHA, unterzog sich 1935 freiwillig dem Genehmigungsverfahren des RuSHA für eine Eheschließung; war im übrigen parteipolitisch wenig vernetzt. Er verfügte über profunde Berufserfahrung einschließlich der Führung von qualifizierten Technikern aus seiner langjährigen Tätigkeit bei BORSIG. Für ihn völlig überraschend wurde ihm im September 1943 von Prof. Hettlage die Geschäftsleitung der Mittelwerk GmbH übertragen.

Der Aufbau der kaufmännischen Verwaltung der Mittelwerk GmbH aus dem Nichts brachte in den ersten Monaten erhebliche Schwierigkeiten mit sich. Geregelte Arbeitsabläufe blieben lange Zeit hinter dem im Ad-hoc-Verfahren erfolgten Aufbau der Untertageanlage sowie der Verwaltung zurück (Neufeld Michael J. 1999, S. 252).

Kettler erhielt Weisungen von bzw. hatte sich abzustimmen mit

- Degenkolb vom Sonderausschuss A4,
- dem HWA,
- Kammler, dem Sonderbeauftragten für Baufragen der A4-Fertigung,
- der WIFO,
- der SS als Service-Institution für das Mittelwerk und
- dem Beirat.

Kettler's Entscheidungsspielraum war begrenzt durch

- den von Hitler erzeugten übermächtigen Erwartungsdruck,
- den weisungsberechtigten Beirat,
- den unorthodoxen Führungsstil von Speer, Kammler und Sawatzki,
- die von der A4-Entwicklung in Peenemünde erzwungenen Terminverschiebungen.

Unter solchen Umständen hätte Eigeninitiative von Kettler zu innerbetrieblichen Reibungen geführt. So zog Kettler mit vielen seiner kaufmännisch sinnvollen organisatorischen Vorschlägen (BAL NS4/Anh. 31, Bl. 243–246) bis weit in das Jahr 1944 gegenüber Saswatzki und Kammler den Kürzeren

Im Spätherbst 1943 konnte sich Kettler mit dem Heereswaffenamt, dem A4-Auftraggeber, auf die von Kettler vorgeschlagenen, gestaffelten Stückpreise zur Lieferung von 12.000 A4 einigen (Neufeld Michael J. 1999, S. 253). Gegenüber der ursprünglichen Preis-Vorstellung des HWA erhöhte sich dadurch der zu erwartende A4-Gesamterlös von 480.000.000 RM um 270.000.000 RM auf 750.000.000 RM,–. Beginnend mit einem Stückpreis von 100.000,– RM, der mit wachsendem Ausstoß auf 50.000,– RM sinken würde, war der Mittelwerk GmbH von Anfang an eine kostendeckende Fertigung möglich.

Im November 1943 schloss Kettler mit der WIFO einen Pachtvertrag über das Stollensystem im Kohnstein. Die monatliche Pacht sollte 400.000 RM betragen (BAL NS4, Anh. 32).

Die Lebens- und Arbeitsbedingungen der KZ-Häftlinge im Herbst 1943 und die KZ-Lagerstruktur waren anfangs den besonderen Bedürfnissen beim Aufbau der Fertigungsorganisation in den Stollen untergeordnet. Dafür mit verantwortlich war Kurt Kettler als Geschäftsführer der Mittelwerk GmbH (Neufeld Michael J. 1999, 253f.). Aber in seiner Vorstellungswelt, geprägt durch seine langjährige RuSHA-Mitgliedschaft, hatten die unsäglichen Lebens- und Arbeitsbedingungen der Häftlinge, keinen Platz.

Dipl.-Ing. Georg Rickhey

Der Beirat der Mittelwerk GmbH übertrug Rickhey im April 1944 die Position des Generaldirektors. Aus seiner Zeit als Direktor bei der DEMAG und als Leiter des „Hauses der Technik“ in Essen war Rickhey mit Saur, Degenkolb und Sawatzki vernetzt.

Rickhey übernahm die Abteilungen Einkauf und Personal (zivile Angestellte und zivile Arbeiter). Er besetzte Führungspositionen in der Verwaltung mit seinen Vertrauten, und er besorgte 200 Verwaltungsfachleute für die kaufmännischen Abteilungen der Mittelwerk GmbH.

Er war wie Kettler, Sawatzki und Rudolph für den Einsatz und die Behandlung der Häftlinge im Mittelwerk verantwortlich. Ständig ließ er neue Häftlinge in den KZ mustern. Dass laufend entkräftete Häftlinge „entsorgt“ wurden, interessierte Rickhey und seine Kollegen nicht. Diese Art der Arbeitsteilung und die Teilung der Verantwortung zwischen dem Management der Mittelwerk GmbH und der SS-Lagerleitung erleichterte Rickhey und seinen Kollegen die Arbeit.

6.2.2 Albin Sawatzki

1909–1945; Dipl.-Ing.; 1933 NSDAP-Mitglied, zäher Arbeiter, rücksichtslos gegen sich selbst und gegenüber anderen, ehrgeiziger und entscheidungsfreudiger Fertigungsfachmann (Bornemann 1994, S. 101), war deshalb schon in jungen Jahren bei HENSCHEL vom Schlosser zum Betriebsleiter aufgestiegen und hatte dort die Serienfertigung für den TIGER-Panzer eingeführt.

Er wurde im Sommer 1943 von Rüstungsminister Speer beauftragt, die Fertigung der A4 zu planen und selbst bis zur vorgesehen Produktionshöhe aufzubauen (Neander 1997, S. 184). In dieser Funktion wurde er Mitglied des „Sonderausschusses A4“ und übernahm er die Leitung des Arbeitsausschusses „Serienfertigung“.

Im September 1943 nahm Sawatzki mit seinem Planungstrupp aus 12 Ingenieuren die Arbeit im Kohnstein auf. Als Speers Vertreter im Mittelwerk (Neander 1997, S. 187) und dank ausgezeichneter Verbindungen zur SS, besonders zu Kammler (Wagner 2001, S. 199) wurde er die treibende Kraft bei der mörderischen Fertigstellung der Stollen sowie bei der späteren Raumaufteilung für die A4-, die Fi-103- und die HE 162-Fertigung.

Den ständigen Druck von Speer und Kammler konnte er gut ertragen und kanalisieren. Seine Devise: Je schwieriger es ist, desto spannender wird es.

1944 wurde er mit 35 Jahren Mitglied der Geschäftsleitung der Mittelwerk GmbH (BAL R121/405).

Sawatzki galt als graue Eminenz des Tunnels, als der eigentlich Mächtige im Mittelwerk (Neufeld Michael J. 1999, S. 295). Trotzdem trafen ihn

Entscheidungen bzgl. der Verlagerung der Junkers-Motoren- und der Fi-103-Fertigung weitgehend unvorbereitet. Sie warfen seine optimierten Produktionsabläufe jeweils über den Haufen.

Speer übertrug ihm zusammen mit Rudolph die Arbeitseinsatzplanung in den Stollen. Er forcierte daraufhin die Suche qualifizierter Häftlinge in deutschen Konzentrationslagern (Baranowski 2000; Wagner 2001, S. 199). – Für einen reibungslosen Fertigungsablauf benötigte er eingearbeitete und arbeitswillige Häftlinge. Auf seine Anweisung hin wurden die eingearbeiteten Montagehäftlinge von den SS-Mannschaften schonender behandelt.

Die Fertigung in den Stollen des Kohnsteins war sein Lebenswerk, mit dem er sich identifizierte. Bei Kriegsende führte er den Befehl der SS, die gesamte Untertageanlage mit den dort noch arbeitenden Häftlingen zu sprengen, nicht aus (Bornemann 2003, S. 149).

6.2.3 Arthur Rudolph

1906–1996; Werkzeugmacher, 1931 Mitglied von NSDAP und SA. Ab 1934 Versuche mit Raketentriebwerken für das Heereswaffenamt, ab 1937 Chefingenieur und zuständig für den Aufbau des Versuchsserienwerks in Peenemünde. 1940 SS-Hauptsturmführer der Reserve. 1942 Technischer Direktor in Peenemünde.

Dornberger hatte geplant, die gesamte Fertigung in Peenemünde „unter einem Dach“ zu realisieren (Neufeld 1999, S. 221). Aber kriegsbedingt war aus dem Versuchsserienwerk ein Montagewerk geworden, in dem die durch Zulieferbetriebe gefertigten Einzelteile hätten zusammen montiert werden sollen. Damit wäre es auch möglich geworden, weniger qualifizierte Arbeitskräfte, nämlich KZ-Häftlinge und Kriegsgefangene, in den Produktionsprozess einzugliedern (Neufeld Michael J. 1999, S. 221, 1999, S. 272).

Durch seinen Bericht über den Häftlingseinsatz bei den HEINKEL-Flugzeug-Werken wurde Hitlers Widerstand gegen den Einsatz von KZ-Häftlingen und Kriegsgefangenen beim streng geheimen Raketenprogramm überwunden.

Nach dem Luftangriff vom 17./18. August 1943 hatte Rudolf die Verlagerung des Versuchsserienwerkes mit den Maschinen, dem Material und dem Personal in das Mittelwerk zu leiten, später auch die Verlagerung des Equipments aus Wiener Neustadt und von Friedrichshafen.
Parallel zum Ausbau der Stollen ließ er die Maschinen installieren und das Material aus Hunderten von Eisenbahnzügen in diverse Lager einsortieren. Als rechte Hand von Sawatzki bewältigte er ab Mai 1944 die ungeheuren organisatorischen Probleme, als sich die Fertigung der A4 auf die Stollen 21–42 beschränken und eine weitere Fertigungslinie für die Fi-103 aufgebaut werden musste.

Ihm unterstand die Endkontrolle der A4 im Stollen 41, in dem stehend bis zu 5 Raketen nebeneinander Platz hatten, zusammen mit Ingenieuren des HWA. Er hatte den Änderungsdienst zu organisieren und die Zulieferbetriebe bei der Einführung von Änderungen zu überwachen (Neufeld Michael J. 1999, S. 272) (Bornemann 2003, S. 113).

Im Frühjahr 1944 wurde Rudolph, damals 38 Jahre alt, Mitglied der Geschäftsleitung, als Betriebsdirektor zuständig für Fertigung, Montage und Kontrollen (Neufeld Michael J. 1999, S. 277).

Zwischen September 1944 und Februar 1945 lief seine A4-Fertigung auf Hochtouren; täglich verließen mehr als 20 A4 das Werk (Neufeld 1999, S. 278) und das, obwohl Rudolph unter den Bedingungen der Zwangsarbeit nicht mit Kooperationsbereitschaft der fachlich wenig qualifizierten Häftlinge rechnen konnte. Indem er eine gewisse persönliche Beziehung zu Funktionshäftlingen aufbaute, suchte er den ständigen Druck der SS, die von ihren Mannschaften ein hartes, kaltes und kompromissloses Verhalten erwartete, zu mindern (Neander 1997, S. 80). Um die Kontinuität im Fertigungsablauf zu verbessern, veranlasste er eine bessere Verpflegung der fachlich qualifizierten und kooperativen Montagehäftlinge und deren bevorzugte Behandlung im Häftlingskrankenbau. So erreichte er einen gewissen Schutz seiner Stammbelegschaft vor den Selektionen, bei denen Arbeitsunfähige herausgesiebt und in die Vernichtungslager abgeschoben wurden.

In der Zusammenarbeit mit Kammler und Sawatzki war Rudolph stets der Getriebene.

7. Das Fertigungsprogramm der Mittelwerk GmbH

7.1 Die A4-Rakete (V2)

Das A4-Raketensystem bestand aus der A4-Rakete, den Prüfständen, den Transportfahrzeugen sowie den Abschussrampen. Die Mittelwerk GmbH hatte den Auftrag, die Rakete in großen Stückzahlen zu fertigen. Für die anderen Systemkomponenten sowie die Ausbildung der Bedienungskräfte blieb das HWA zuständig.

Die Rakete hatte eine Länge von ca. 14 m und einen größten Durchmesser von 1,65 m. Der Kopf der Rakete enthielt 1 Tonne Sprengstoff. Das Gewicht einer voll betankten Rakete betrug 13 Tonnen (Bornemann 2003, S. 102). Die Reichweite betrug anfangs 250, zuletzt 350 km, die Geschwindigkeit bis zu 6.000 km/h, die Flugdauer nach London weniger als 5 Minuten. Zum Antrieb dienten 4 Tonnen Flüssigsauerstoff und 4 Tonnen Methanol-Alkohol. Die Steuerung mittels Funk und Leitstrahl über weite Distanzen war nicht ausgereift (Dornberger 1992, 1992). Das Flugverhalten im Überschallbereich und bei Wiedereintritt in die Atmosphäre ließ sich nicht kontrollieren. Wegen der geringen Treffsicherheit bei einem Zielradius von 10 bis 20 km war die Bekämpfung von Punktzielen nicht möglich Im Sommer 1944 konnten die Erwartungen der Heeresleitung an diese angeblich kriegsentscheidende Waffe nicht erfüllt werden. Unter solchen Umständen taugte die A4 nur als Vergeltungswaffe, mit der man Rache am Gegner nehmen und Terror ausüben konnte.

Die A4 bestand aus ca. 20.000 verschiedenen Einzelteilen, die von über 400 Vorlieferanten zu Baugruppen zusammengesetzt wurden. Schwachstellen waren die sehr energieaufwendige Herstellung des Flüssig- Sauerstoffs in unterirdischen, bombengeschützten Anlagen und die Bereitstellung von genügend Methanol an den Abschussbasen. Ein Schwachpunkt waren auch die laufenden konstruktiven Änderungen bis zum Herbst 1944, die im übrigen nur mangelhaft dokumentiert wurden (Dornberger 1992, S. 194).

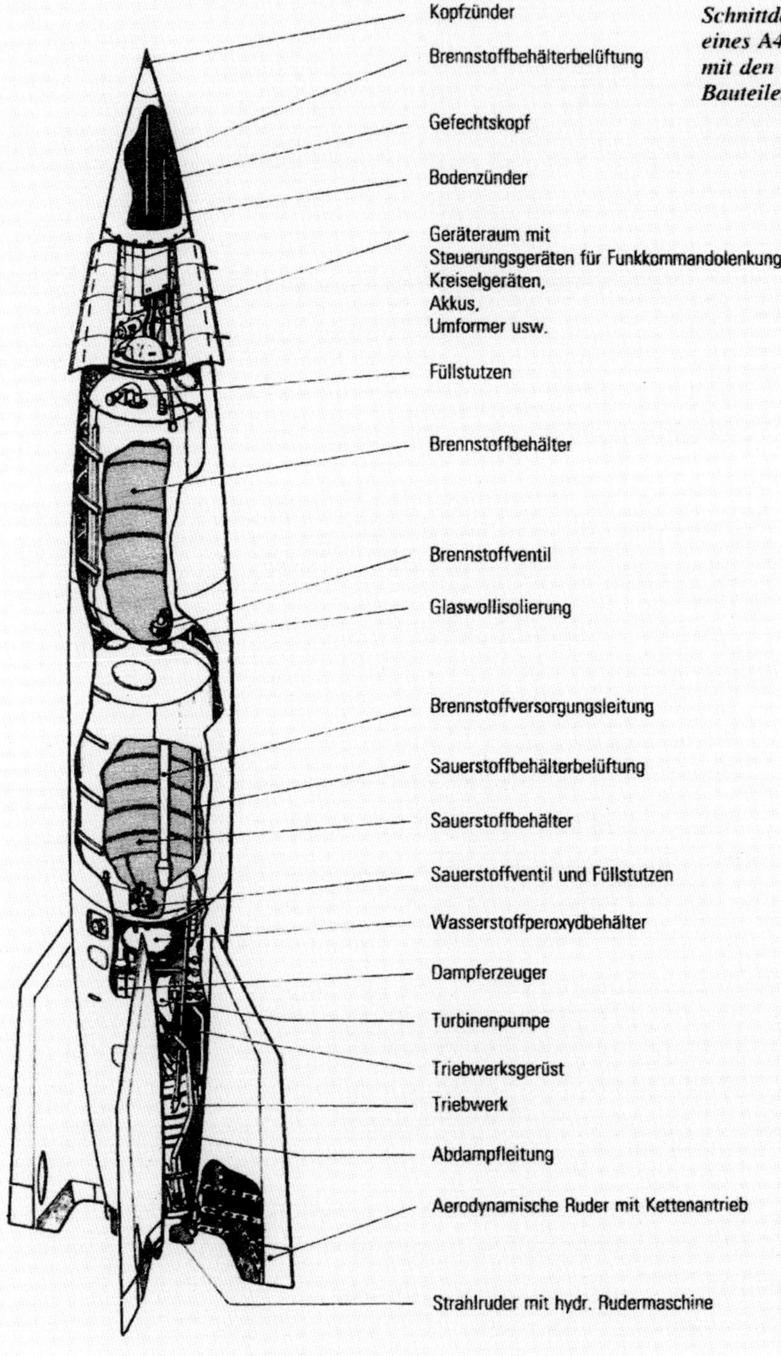

Schnittdarstellung eines A4 (V2) mit den wichtigsten Bauteilen

A4-Produktion im Mittelwerk	**Anzahl Geräte**
Erstes Quartal 1944	306
Zweites Quartal 1944	822
Drittes Quartal 1944	1.089
Oktober 1944	628
November 1944	662
Dezember 1944	613
Januar 1945	690
Februar 1945	617
März 1945 (bis 18. 3.)	362
Summe	Ca. 6.000

Quelle: (Wiedemann 2010)

Gegenüber Hitler war im Juni 1943 argumentiert worden, dass mit der Rakete eine starke Entlastung des Bombereinsatzes gegen England, insbesondere gegen London und die Hafenstädte möglich sei. Wegen der Möglichkeit, England bei Tag und Nacht zu unregelmäßigen Zeiten und vom Wetter unabhängig zu beschießen, sei die A4 ein wirksames Mittel für die Niederwerfung Englands. Diese Waffe eigne sich zur psychologischen Kriegsführung gegen die Zivilbevölkerung (Neufeld Michael J. 1999, 1999, S. 164). Außerdem würde bei einem rechtzeitigen Einsatz die Wahrscheinlichkeit einer Invasion der Alliierten sinken (Kehrl 1973, S. 337).

Bei der Serienfertigung und Montage der A4 ergaben sich häufig Änderungen im Arbeitsablauf. Dazu kamen Störungen durch den wiederholten Umbau der Taktstraßen für die Produktion anderer Produkte. Im Dezember 1943 war gegenüber Hitler behauptet worden, dass die A4 das Schicksal des Krieges wenden werde. Bei rechtzeitigem Einsatz könnte die A4 sogar die Wahrscheinlichkeit einer Invasion der Alliierten verringern (Kehrl 1973, S. 337).

Aber die Versagerquote beim Versuchsschießen deutete auf konstruktive Mängel der A4 hin (Bornemann 2003, S. 110). Der Platzbedarf für die Rückläufer war derart hoch, dass die Reparaturabteilung aus dem Stollen 41 in oberirdische Nachbarorte ausgelagert werden musste (Bornemann 2003, S. 119).

Im Sommer 1944 begann in den Stollen die Serienfertigung von 2 Großteilen, dem Mittelteil und dem Heck. Im Herbst 1944 wurde auch die Fertigung der Rudermaschinen aufgenommen. In der Hauptsache jedoch blieb die Mittelwerk GmbH auf die Zulieferung größerer Teile von außerhalb angewiesen (Prüfbericht, S. 4 – BAL R121/301ff).
Für die Montage des Sprengkopfs, das Befüllen mit Sprengstoff und für die Endkontrolle wurden die Geräte bis Kriegsende zu Heeresmunitionsstellen transportiert.

Wegen der Verzögerungen hatten sich Im Sommer 44 grundsätzliche Fragen über den strategischen Sinn des A4-Programms ergeben. Mehrmals kam es zu Prioritätsverlagerungen bei der Fertigung zwischen V2, V1 und dem ME 262-Strahlflugzeug (Tooze et al. 2007, S. 714). Letztendlich wurde die A4 im Juli 1944, obwohl technisch nicht ausgereift, für den Fronteinsatz freigegeben (Bornemann 2003, S. 116).

Hitler hatte die Raketenentwicklung erst nach langem Zögern als revolutionierende Neuerung für die Kriegsführung akzeptiert, jedoch unter der Voraussetzung, dass die Rakete in sehr großen Stückzahlen zum Einsatz käme. Bei seiner Forderungen nach einer Verdopplung der Produktionszahlen auf 1.000 A4-Geräte/Monat blendete er völlig aus, dass weder Fertigungsmaterial, Flüssigsauerstoff und Alkohol noch das erforderliche Personal für die Fertigung und die Bedienung der Abschussbasen zur Verfügung standen (Tooze et al. 2007, 171ff.).

Präsident Kehrl, Chef des Planungsamtes und Chef des Rohstoffamtes im Rüstungsministerium, hatte Speer im Januar 1944 über die aus seiner Sicht völlig überdimensionierte Fertigungsorganisation im Mittelwerk informiert. Er rechnete Speer auch den unverhältnismäßig hohen Aufwand vor, mit dem von einer A4 Sprengstoff in gegnerische Stellungen verschossen wird (Kehrl 1973, S. 338). Speer hatte aber für Kehrls Warnungen kein offenes Ohr.

Resümee: Die A4-Technik war 1944 in ihrem unfertigen Entwicklungszustand für den kriegsmäßigen Einsatz nicht reif. Die ca. 3.200 Treffer in England und Belgien waren für die Alliierten nichts als Nadelstiche, und sie konnten den Siegeswillen der Alliierten nicht erschüttern. Im Gegenteil: sie führten zu einer gewaltigen Intensivierung der alliierten Luftangriffe, die noch einmal 230.000 deutsche Zivilisten bis Kriegsende mit dem Leben bezahlten.

7.2 Die Flugbombe Fi-103 (V1)

Das Konzept eines unbemannten Flugzeugs, welches – mit Sprengstoff beladen – automatisch auf sein Ziel stürzt, war von dem Ingenieur Robert Lusser vom FIESELER Flugzeugbau Kassel entwickelt worden (Neufeld Michael J. 1999, S. 181).

Länge ca. 8 m, Spannweite ca. 5 m, mit 850 kg Sprengstoff beladen Startgewicht ca. 2.140 Kilogramm, Reichweite bis 300 km. Für den Start war eine technisch aufwendige, auf Betonfundament fixierte Startrampe mit fester Ausrichtung und 6 Grad-Neigung erforderlich; auf dieser wurde der Flugkörper auf die erforderliche Anfangs-Geschwindigkeit von über 350 km/h katapultiert.

Wegen seiner relativ niedrigen Geschwindigkeit von bis zu 650 km/h war die Flügelbombe eine leichte Beute für das RAF-Radarsystem und für die alliierten Abfangjäger.

Aufgrund ihrer ungenügenden Zielgenauigkeit war auch die Fi-103 als militärische Waffe ungeeignet. Zudem waren die Abschussbasen von alliierten Flugzeugen leicht auszumachen.

Im Sommer 1943 begann die Fi-103-Produktion im VW-Werk Fallersleben, bei Fieseler in Kassel und bei weiteren Rüstungs-Betrieben. Erste Einsätze der Flugbombe erfolgten nach der Invasion der Alliierten im Juni 1944, obwohl die Erprobung nicht abgeschlossen war (Stüwe 1998, S. 674). Die Luftwaffe schoss ab September 1944 wöchentlich hunderte Fi-103 in Richtung London. Die Alliierten reagierten darauf mit einer Verdoppelung ihrer Bomber-Einsätze, gemessen an Tonnen Bombenabwürfe und Zahl der Bomberangriffe.

Im August 1944 hatte VW als Leitfirma des Fi-103-Programms der Mittelwerk GmbH die Fertigung des Heckteils und des Mittelstücks übertragen und dafür Schweißgeräte, Vorrichtungen, Einarbeitungs- und Führungskräfte zur Verfügung gestellt.

Unterirdische Produktion der „V1" im KZ Mittelbau-Dora.
Erstellt am 1. Januar 1945. Bundesarchiv, Bild 183-1985-0123-027 / CC-BY-SA.
https://de.wikipedia.org/wiki/Fieseler_Fi_103#/media/Datei:Bundesarchiv_Bild_183-1985-0123-027,_KZ_Mittelbau-Dora,_Produktion_von_V_1.jpg
Stand: 31.7.2019

Nachbau Flugbombe Fi-103 (V1) in Peenemünde 2018.
Foto: Dr. Jürgen Mayer

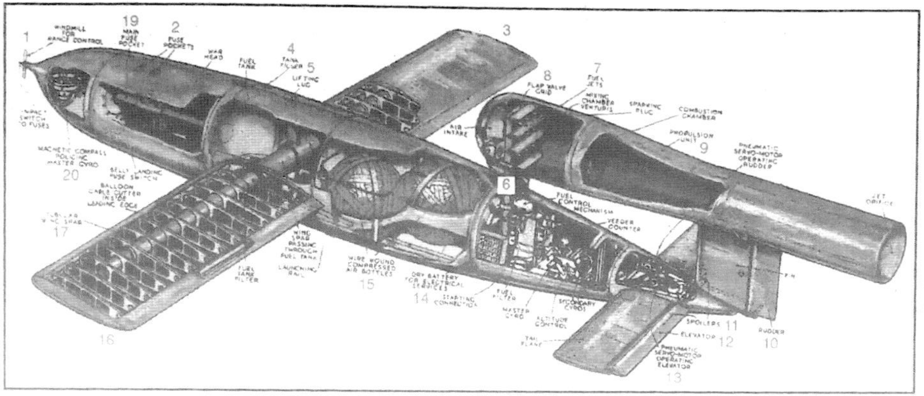

1 Zählpropeller
2 Aufschlagzünder
3 Flügel, erst im Richthaus der Abschußbasis befestigt
4 Einfüllstutzen für 550 l Tank
5 Öse zum Hochziehen
6 Treibstoffleitung
7 Neun Düsen für Treibstoff
8 gefederte Klappventile
9 Pulsierendes Staustrahlrohr
10 Seitenruder
11 schmale Absprengleisten zur Einleitung der Absturzphase
12 Höhenruder
13 Haupt-Kreisel
14 Trockenbatterie
15 Drahtverstärkte Preßluftbehälter
16 kleine Querruder
17 Röhrenholm des Flügels
18 ca. 850 kg verschiedener Sprengstoffe
19 Haupt-Zündeinsatz
20 Hauptkompaß zur Lenkung des Kreisels

Querschnitt zur Flugbombe Fi-103 (V1) in Peenemünde 2018.
Foto: Dr. Jürgen Mayer

Nach einem Luftangriff im August 1944, der die Fi-103-Produktion im VW-Werk Fallersleben lahmlegte, musste VW das komplette Fi-103-Programm an die Mittelwerk GmbH als Hauptauftragnehmer des OKL abgeben (BAL-NS4, Anh. 31, Bl. 107-109). Für die Fi-103-Fertigung wurden im Mittelwerk die Querstollen 43-47 und Teile des Fahrstollens A geräumt (Mommsen, Hans/Grieger, Manfred 1997, S. 703).

Gemäß OKL-Vorbescheid hätte die Fi-103-Fertigung von September bis Dezember 1944 von monatlich 400 Stück auf monatlich 2.000 Stück erhöht werden sollen (Bornemann 2003, S. 116). Aufgrund von Material- und Personalengpässen, aufgrund von Verzögerungen bei der Auslieferung des VW-Maschinenparks an das Mittelwerk und weil Facharbeiter fehlten, verzögerte sich die Fi-103-Montage bis November 1944. Dann stieg die monatliche Produktion auf über 2.000 Geräte.

Bis März 1945 verließen 6.000 Geräte das Mittelwerk. – Insgesamt wurden zwischen Juni 1944 und April 1945 über 20.000 Fi-103 an die Luftwaffe ausgeliefert (Stüwe 1998, S. 668).

Am 1. Dezember 1944 erteilte das OKL der Mittelwerk GmbH noch einen Produktionsauftrag für 19.500 Fi-103, auszuliefern bis März 1945 (Mommsen, Hans/Grieger, Manfred 1997, S. 709). Der Auftragswert betrug 97.500.000,– RM.

Resümee: Aufgrund ihrer komplexen Technik, ihres Entwicklungsstandes, der nicht ausgereiften Steuerbarkeit sowie aufgrund von Wartungs- und Bedienfehlern war die Fi-103 als Kampfmittel den alliierten Bombergeschwadern nicht gewachsen. Mit Hilfe des radargestützten RAF-Luftabwehrnetzes wurden ca. 50 % der FI 103 von gegnerischen Jagdflugzeugen und Flugzeugabwehr-Geschützen abgefangen (Lusar Rudolf 1971, 199f.). Die Erwartungen der Luftwaffe und der Politiker an die Wirkung der Fi-103 wurden bei weitem nicht erfüllt.

7.3 Der „Volksjäger“ HE 162

Ab Oktober 1944 spannte Saur das Mittelwerk auch für das Jäger-Notprogramm „Schildkröte 8 – HE 162“ ein (Bornemann 2003, S. 124). Entwickelt von HEINKEL hatte dieser einsitzige Jäger eine Zelle, die im wesentlichen aus Holz bestand; das BMW-Triebwerk war über dem Rumpf angeordnet, der Treibstoff in den Tragflügeln untergebracht. Schleudersitz und Fallschirm waren nicht vorgesehen. Der Pilot hätte sowohl die Maschine steuern als auch gleichzeitig mit dem Maschinengewehr die feindlichen Flugzeuge attackieren müssen. Aus Mangel an ausgebildeten Piloten wäre der Jäger von jungen Soldaten nach einer dreiwöchigen Einweisung geflogen worden. Der Jäger hätte aufgrund seiner hohen Geschwindigkeit mit über 800 km/h den feindlichen Flugzeugen überlegen sein können – sofern er nicht frühzeitig vom feindlichen Radar erfasst würde (Bornemann 2003, S. 221).

Aus Zeitmangel erfolgten Konstruktion, Erprobung und Serienfertigung gleichzeitig. Die Fertigung begann, angesichts des Platzmangels verteilt auf verschiedene Stollen und Nischen innerhalb und außerhalb des Mittelwerks (Bornemann 2003, S. 121). Der Erstflug soll im Dezember 1944 erfolgt sein. Weitere Flüge sind nicht belegt.

In einem völlig realitätsfremden Produktionsplan hatte Sawatzki im Oktober 1944 für die Fertigung der Zelle 4.500 Mann und für die Fertigung des Triebwerks 3.500 Mann verplant, davon 7.000 Häftlinge und 1.000 deutsche Facharbeiter. Im Sommer 45 hätte ein monatlicher Ausstoß von 1.000 HE 162 erreicht werden sollen (BAL NS4, Anh. 31, Bl. 60ff., R121/303).

7.4 Triebwerke (Jumo 004-B1 und Jumo 004-B4) für die Düsenjäger ME 262 und ARADO 234

Die Fertigung erfolgte im Mittelwerk und in umliegenden Ortschaften ab August 1944 (Wagner 2001, S. 226). Stückzahlen sind nicht belegt. Im November 1944 erteilte das RLM einen Auftrag über 15.000 Triebwerke 109-003. Deren Produktion ist nicht mehr angelaufen.

7.5 Sonstige Erzeugnisse

Taifun-Flugzeugabwehrrakete
Mit diesem Projektil – Länge 1,90 m, Durchmesser 10 cm, Startgewicht 19 kg, davon 10 kg Sprengstoff – sollten feindliche Bomberflotten gestoppt werden. Die Rakete sollte bei einer Brenndauer von nur 4 Sekunden eine vierfache Schallgeschwindigkeit erreichen.

Im November 1944 begann der Aufbau einer Taktstraße für die Taifun-Produktion in Halle 40, auf der bis Kriegsende einige Raketen für Testzwecke gebaut wurden (Bornemann 2003, S. 127).

Einzelfertigung von Großteilen
Weil Zulieferbetriebe ausfielen, übernahm die Mittelwerk GmbH schrittweise immer mehr Einzelteile-Fertigung für die A4, so im Frühjahr 1944 die Herstellung des Mittelteils, im Sommer die des Hecks, danach auch die der Rudermaschinen (zur Steuerung der A4) (Wagner 2001, S. 204). Damit verschärfte sich wiederum der Mangel an qualifizierten Arbeitskräften.

Anlagen für die Flüssigsauerstoff-Produktion
Im Oktober 1944 erteilte Dornberger der Mittelwerk GmbH den Auftrag zur Errichtung von 15 Erzeugungseinheiten im Kohnstein. Der schriftliche Auftrag des OKH folgte im November 1944. Die Anlagen waren bei Kriegsende noch nicht betriebsbereit (BAL R 4603/1907, Bl. 9, 31, 86).

Prüfstände
In Lehesten/Thüringen wurden Prüfstände für A4-Triebwerke sowie Vorrichtungen für den vor Ort benötigten Flüssigsauerstoff errichtet. Während der Bauphase waren hier zeitweise über 1.200 Häftlinge im Einsatz (Wagner 2001, S. 212).

Reparaturbetriebe
Die ursprünglich im Stollen 41 untergebrachte A4-Instandsetzung musste aus Platzgründen nach Niedersachswerfen ausgelagert werden (Wagner 2001, S. 214). Weitere Reparaturwerkstätten gab es ab Oktober 1944 in leer stehenden Grubengebäuden in umliegenden Ortschaften. Auch im Kalibergwerk Klein-Bodungen wurden defekte A4-Raketen und Raketen-Startanlagen repariert.

8. Das Personal der Mittelwerk GmbH

8.1 Zivile Angestellte und zivile Facharbeiter

Die Mitarbeiter der kaufmännischen und der technischen Abteilungen von Peenemünde bildeten anfangs die Stammbelegschaft der Mittelwerk GmbH. Sie waren zum großen Teil ehemalige Soldaten mit mittlerer und höherer technischer Ausbildung, die von der Front abkommandiert waren. In Peenemünde waren sie Mitarbeiter des Heeres gewesen, im Mittelwerk wurden sie Mitarbeiter eines privatwirtschaftlich geführten Unternehmens.

Eine geordnete Aufnahme des Personals gelang erst im 2. Quartal 1944. Notwendige Verwaltungsunterlagen mussten dafür geschaffen werden, bevor die Gefolgschaft in die Tarife eingestuft und Härteausgleiche gegenüber früheren Mehrverdiensten festgesetzt werden konnten. Über einen längeren Zeitraum wurden nur Vorschüsse, Abschläge und Darlehen gezahlt. – Das Beschäftigungsverhältnis der von Peenemünde übernommenen Wehrmachtsangehörigen wurde in einen zivilen Vertrag überführt. Die ersten Anstellungsverträge wurden im April 44 ausgehändigt. Noch im Sommer 1944 gab es fehlerhafte Lohn- und Gehaltsabrechnungen, Bruttolöhne und -gehälter waren nicht gebucht, die Abzüge für Lohnsteuer und Sozialbeiträge nicht erfasst.

Systematische Grundlagen der Entlohnung wurden im 4. Quartal 1944 entwickelt; sie regelten auch Überstundenbezahlung, Erschwerniszulagen, Urlaubsgeld, Reisekosten etc. (BAL R121/301, Bl. 217 ff.).

Zusammensetzung der Gesamt-Gefolgschaft im Dezember 1943	**Anzahl ca.**
Beschäftigte aus Peenemünde	1.200
Beschäftigte aus den RAX-Werken	200
Angeworbene von Zulieferbetrieben oder vor Ort dienstverpflichtet	230
Zwischensumme	**1.630**
Mitarbeiter von 20 Bauunternehmen	700
Endsumme	**2.330**

Quelle: (Wagner 2001, S. 216)

Anlage 9: Beschäftigte im Mittelwerk

Stichtag	Beschäftigte im Mittelwerk				Beschäftigte bei anderen Firmen		Arbeitskräfte gesamt	
	Gesamt	Zivilarbeiter	Häftlinge Anzahl	Häftlinge %	Zivilarbeiter	Häftlinge	Zivilarbeiter	Häftlinge
1. 9. 1943	96	16	80	83	* 600	* 300	* 620	* 380
1.10.1943	440	120	320	73	* 620	* 2970	* 740	* 3290
1.11.1943	2039	763	1276	63	* 620	* 5000	* 1380	* 6280
1.12.1943	4276	1420	2856	67	* 650	6120	* 2070	8976
1. 1.1944	5687	1807	3880	68	* 650	6043	* 2460	9923
1. 2.1944	7130	2032	5098	72	* 650	6859	* 2680	11957
1. 3.1944	7573	2209	5364	71	* 700	6157	* 2910	11521
1. 4.1944	7078	2431	4647	66	* 700	7006	* 3130	11653
1. 5.1944	6896	2495	4401	64	* 700	5882	* 3200	10283

Tabelle 4-1 : Belegschaftsentwicklung des Mittelwerks und der an seinem Aufbau beteiligten Firmen, 28. August 1943 bis 1. Mai 1944

Neander 1997, S. 198

Die Zahl der Gehaltsempfänger im September 1944 betrug 1.341. Insgesamt beschäftigte die Mittelwerk GmbH 1944 ca. 3000 zivile Angestellte und Arbeiter sowie bis zu 4000 Häftlinge.

Nicht bei der Mittelwerk GmbH erfasst waren die Mitarbeiter der zwei Untermieter: die Junkers Werke GmbH, welche ab Frühjahr 1944 die Stollen 1 bis 20 mit 5.000 ausländischen Zivilarbeitern belegte, und die Elektromechanische Werke GmbH, die im Februar 1945 von Peenemünde nach Nordhausen und Bleicherode umgesiedelt worden war.

Personal der Verwaltung in Leitungspositionen im Sommer 1944	**Anzahl ca.**
Hauptabteilung I = Personalwesen	15
Hauptabteilung II = Einkauf	20
Hauptabteilung III = Betriebsdirektion 1	200
Hauptabteilung IV = Betriebsdirektion 2 mit Arbeitsvorbereitung	25
Hauptabteilung V = Verkauf	10
Hauptabteilung VI = Allgemeine Verwaltung/Rechnungswesen	30
Summe	**300**

Quelle: BAL NS4, Anh. 32, Bl. 20 ff.

Während die Anleitung der Häftlinge am Anfang durch zivile Facharbeiter aus Peenemünde erfolgte, übernahmen im Laufe 1944 eingearbeitete Häftlinge die Anleitung neuer Häftlinge (Bornemann 2003, S. 101). Der Facharbeitermangel wurde mit der Übernahme weiterer Produkte immer größer. Auch Hans Kammler vom SS-WVHA konnte nicht mehr helfen. In der Folge wurde die durchschnittliche Arbeitszeit für alle zivilen Arbeitnehmer in den Stollen an die Arbeitszeit der KZ-Häftlinge (12 Stunden an sechs Werktagen) angeglichen.

Die ungesunde Arbeit in den Stollen und die lange Arbeitszeit hatten einen dauerhaft hohen Krankenstand zur Folge.

Im Frühjahr 1944 richtete die Geschäftsleitung auf Veranlassung des Rüstungsministers eine Arbeitseinsatzabteilung ein. Diese sollte den Häftlingseinsatz im Betrieb regeln und Kompetenzstreitigkeiten mit dem Wachpersonal unterbinden. Sie war ausnahmslos mit Angestellten der Mittelwerk GmbH besetzt. Das bedeutete, dass während der Arbeitszeit nicht die SS, sondern Rickhey, Kettler und Sawatzki für die Behandlung der Häftlinge im Mittelwerk verantwortlich waren. Die Rolle der SS beschränkte sich nun im Wesentlichen auf die eines Arbeitskräftelieferanten (Wagner 2001, S. 201).

Alle Mitarbeiter galten als Geheimnisträger. Um die A4-Geräte gegen Sabotage zu schützen und um Widerstandsgruppen aufzudecken, hatten das RSHA, das WVHA, der Sonderstab Kammler, das Rüstungsministerium, die WIFO und das HWA jeweils eigene Abwehrorganisationen aufgebaut. Die zivilen Mitarbeiter mussten sich mit diesen Organisationen in vielfältiger Weise abstimmen und austauschen (Bornemann 1994, S. 19).

Die Grundhaltung der zivilen Mitarbeiter gegenüber den KZ-Häftlingen und den Zwangsarbeitern war moralische Indifferenz, die sich aufgrund des jahrelangen, schrittweisen Radikalisierungsprozesses in der NS-Verfolgungs- und Vernichtungspolitik gebildet hatte. Der Radikalisierungsprozess wurde begleitet von wachsender Gewöhnung und Abstumpfung (Wagner 2001, S. 519). So beteiligten sich auch Zivilangestellte an den Misshandlungen der Häftlinge. Nach Einschätzung ehemaliger Häftlinge soll sich aber der größere Teil der zivilen Mitarbeiter korrekt verhalten haben.

8.2 Die Leiharbeiter: KZ-Häftlinge, Kriegsgefangene und Zwangsarbeiter

Das SS-WVHA, Amtsgruppe D, zuständig für die Konzentrationslager, stellte der Mittelwerk GmbH Häftlinge aus dem Buchenwald-Außenlager Mittelbau-Dora als Leiharbeiter zur Verfügung. Außerdem wurden ausländische Zivilarbeiter und Kriegsgefangene im Mittelwerk zur Zwangsarbeit herangezogen.

Die wirtschaftliche Funktion der Häftlingsarbeit blieb den politischen Zielsetzungen (Ausbeutung und Vernichtung) untergeordnet, obwohl das WVHA im April 1942 allen KZ-Kommandanten den Arbeitseinsatz der Häftlinge zur Hauptaufgabe gemacht hatte. Die KZ-Mannschaften der SS waren aber aufgrund der jahrelang geübten Praxis, dass ein Menschenleben im KZ nichts galt, nur schwer auf den Vorrang des Arbeitseinsatzes umzustellen. So betrug die durchschnittliche Arbeitsfähigkeit eines Häftlings 1943/1944 nur wenige Monate.

In den ersten 7 Monaten ab September 1943 wurde der Stollenausbau wegen des großen Zeitdrucks ohne Rücksicht auf Leben und Gesundheit der Häftlinge durchgepeitscht. In dieser Zeit starben in den Stollen ca. 7.000 Häftlinge infolge des Mangels an Nahrung, Schlaf und Hygiene unter bestialischen Arbeitsbedingungen, durch Schläge oder Totschlag. Nicht mehr Arbeitsfähige wurden in Vernichtungslager abgeschoben. Ersatz wurde aus den KZ Buchenwald und Auschwitz beschafft (Hess Thorsten, Seidel Thomas A. 1995, S. 53).

Von April bis Oktober 1944 wurden nur 1.000 Tote gezählt, nachdem sich im Mittelwerk die Arbeitsverhältnisse gebessert hatten und weniger Krankheiten ausbrachen (Neufeld Michael J. 1999, S. 255; Neander 1997, S. 172; Baranowski 2013, S. 208)

Im November 1943 befanden sich bis zu 8.000 Häftlinge unter Tage. Nach Beendigung der Ausbauarbeiten wurden im 2. Halbjahr 1944 ca. 4.000 Häftlinge sowie 3.000 Zivilangestellte bei der Raketenmontage eingesetzt (Wagner 2001, S. 217).

Verpflegung, Bekleidung, sanitäre Betreuung und Bewachung blieben Sache der SS. Die SS sollte morgens an die Häftlinge eine dicke Suppe ausgeben, sodass die Häftlinge ihr Brot mit zur Arbeitsstätte hätten nehmen können. Tatsächlich bestand die tägliche Verpflegung nach Angaben von Häftlingen aber nur aus 1 Liter Ersatzkaffee, einem Liter Wassersuppe, 300 bis 400 Gramm Brot mit ca. 50 Gramm Margarine sowie einem Stückchen Wurst oder Büchsenfleisch – zu wenig für körperlich schwer arbeitende Menschen.

Der Rüstungsminister hatte im Frühjahr 1944 verfügt, dass der Arbeitseinsatz in den Stollen nicht mehr durch die SS, sondern durch die Betriebsleitung der Mittelwerk GmbH zu erfolgen habe. Die Personalabteilung richtete daraufhin eine eigene Arbeitseinsatzabteilung ein, die den Häftlingseinsatz in der Produktion regelte (Wagner 2001, S. 197), BAL R 121/257. Bl. 158 ff. Nun konnte Rudolph die Fluktuation senken, den Fertigungsablauf verstetigen und Fehlerquellen ausschalten.

Mit Häftlingen, welche als Facharbeiter in der Produktion arbeiteten, wurde schonender umgegangen. Sie erhielten zusätzliche Mahlzeiten, wurden in den Krankenrevieren bevorzugt behandelt und mit Kleidung, Handtüchern, Essgeschirr etc. versorgt (Wagner 2001, S. 368). Dies galt sogar für die jüdischen Zwangsarbeiter, die zusammen mit der V1-Produktionsverlagerung im Herbst 1944 in das Mittelwerk gelangten (Wagner 2014, S. 37).

In den ersten Monaten ab September 1943 waren riesige Mengen an Material in den Stollen zu bewegen gewesen. Täglich waren Eisenbahnwagen mit Ausrüstungsgegenständen, Einzelteilen für die Fertigung, Baumaschinen, Zement und Kies angekommen. – Für das Ausräumen und den Ausbau der Stollen standen den Häftlingen nur Hämmer, Schaufeln und Brechstangen zur Verfügung. Es gab keinen Kopf- und Gehörschutz, keine Handschuhe und keine Stiefel (Neander 1997, S. 193). Folglich litten viele Lagerinsassen unter Schürfwunden, Ödemen und Hautausschlag. Wegen der mörderischen Arbeitshetze und der chronischen Unterernährung wurden die Gefangenen extrem krankheitsanfällig. Die Betriebsleitung ergriff nur Gegenmaßnahmen, wenn die Produktion gefährdet war oder wenn Infektionskrankheiten auf die Zivilbevölkerung überzugreifen drohten.

Das Häftlingskrankenrevier wurde von der Mittelwerk GmbH und von der SS gemeinsam betrieben. Es bestand aus 11 Baracken sowie weiteren Baracken für Tuberkulosekranke und für Lungen- und Rippenfellentzündungen.

Eine Kläranlage wurde erst gebaut, als es zu Protesten der Zivilbevölkerung wegen der Verunreinigung der umliegenden Gewässer durch die ungeklärten Abwässer aus den Häftlingslagern und Stollen kam (BAL NS48/26).

Im November 1944 setzte sich die Belegschaft wie folgt zusammen: Polen 34 % , Russen 29 % , Franzosen 17 % , Belgier 2 % , Deutsche, Juden und sonstige Nationalitäten 18 % (Palachy, Erhard, Pelny, Kurt 1990, S. 250).

Der Tagessatz bei 12-stündiger Arbeitszeit betrug je Facharbeiter 6 RM,--, je Hilfsarbeiter 4 RM; damit waren auch alle Nebenkosten abgegolten. Leistungsanreize waren in Anlehnung an die Dienstvorschrift für die Gewährung von Vergünstigungen an Häftlinge möglich (BAL NS3 – 426) (Wagner 2001, S. 218). Die Tagessätze wurden in der KZ-Verwaltung akribisch zusammengestellt und von der Personalleitung des Mittelwerks an das SS-WVHA überwiesen.

Im August 44 spitzte sich die Personalsituation zu, weil Häftlinge aus der A4-Fertigung für die Fertigung der Flugbombe FI-103 abgezogen wurden (Bornemann 2003, S. 115).

Im Januar 1945 verschlechterte sich die Ernährung extrem, als 17.000 Häftlinge aus den im Osten evakuierten KZs eintrafen (Neufeld 1999, S. 313). Häftlinge berichteten, dass im März 1945 die Essensrationen tagelang ganz ausgefallen seien oder dass es statt der Tagesration Brot nur noch 2–3 gekochte Kartoffeln gab.

8.3 Widerstand und Sabotage

1943 waren zwei erfahrene politische Häftlinge nach Mittelbau-Dora eingeschleust worden, die die Positionen des ersten bzw. des zweiten Lagerältesten übernahmen (Palachy, Erhard, Pelny, Kurt 1990, S. 119). Leiter der Widerstandsbewegung wurde der Lagertechniker Albert Kuntz, ein ehemaliger KPD-Abgeordneter. Er steuerte 1944 die Verteilung der Häftlingsfunktionen. Mit den Häftlingen entwickelte er Strategien zur Stärkung ihres Durchhaltewillens. Er soll die Sabotage in der A4-Produktion koordiniert haben.

Unter seiner Leitung bildete sich das „Illegale Internationale Lagerkomitee" aus den sowjetischen, polnischen, französischen und belgischen Widerstandsgruppen (Palachy, Erhard, Pelny, Kurt 1990, S. 124). Dieses Komitee wiederum organisierte Maßnahmen zur Verlangsamung der Produktion. Es organisierte eine mit Sender und Empfänger ausgerüstete Nachrichtengruppe, welche den geheimen Informationsaustausch zwischen Buchenwald und Mittelbau-Dora einrichtete und welches schon am 6. Juni 1944 die Nachricht von der Landung der Alliierten im Lager verbreiten konnte. Es soll bei der A4-Montage Störungen eingebaut haben (Bornemann 1994, S. 102). Beteiligt an Sabotage-Aktionen waren im Herbst 1944 insbesondere belgische Häftlinge, die von den Abschüssen der A4 auf Antwerpen und Lüttich erfahren hatten.

Als im Herbst 1944 20 % der ausgelieferten Raketen als untauglich ausfielen und weitere 10 % wegen erwiesener Mängel nach Dora zurückgesandt wurden, erhöhten GESTAPO und SD die Zahl der Spitzel und Provokateure. Im November 1944 gelang der Einbruch in die „illegale Front". 200 Häftlinge wurden verhaftet, verhört und anschließend ermordet (Palachy, Erhard, Pelny, Kurt 1990, S. 147).

Mit dem Eintreffen weiterer Häftlingstransporte Anfang 1945 nahm die Sabotage trotz Überwachung und strenger Strafen wieder zu. Daraufhin fanden Exekutionen vor versammelter Mannschaft im Tunnel B statt (Neufeld 1999, S. 314). Unter dem neuen Lagerkommandanten Baer erreichten die Hinrichtungen im März mit 162 Erhängten einen Höchststand (Neander 1997, S. 265).

9. Die Organisation der Mittelwerk GmbH

9.1 Raumverteilung und Betriebsablauf

Die Länge der ausgebauten Hauptstollen A und B betrug je ca. 1.800 m. Anzahl der Querstollen in 1/1944: 42, in 5/1944: 46, Länge ca. 170 Meter, Breite ca. 9 Meter

Fläche der 42 Querstollen im Januar 1944: ca. 65.000 qm (das entspricht ca. 9 Fußballfeldern) (Bornemann 2003, S. 54).

Die Aufgabe der Mittelwerk GmbH im Herbst 1943 lautete: ein halbvollendetes Großlager für Benzin, Öl und chemische Kampfstoffe in eine moderne Fabrik umzuwandeln. Zu diesem Zweck mussten Stollen durch Sprengungen und Abteuf-Arbeiten weiter in den Berg getrieben, betoniert und mit Energie, Lüftung sowie Entsorgungseinrichtungen ausgestattet werden (Neufeld 1999, S. 252). 17.000 laufende Meter Blechkanäle für die Entlüftung der Querstollen, mit 650 Eisenbahnwaggons angeliefert, waren zu verbauen.

Die Kammern 39–42, die im September und Oktober 1943 als Schlafstellen gedient hatten, wurden bis Jahresende als Materiallager und für die A4-Montage ausgebaut, während die frisch aus dem Fels gebrochenen Kammern 43–46 von November 1943 bis Mai 1944 als Schlafstollen dienten (Baranowski 2013, S. 206).

Von Januar bis April 1944 standen die Kammern 1–42 für die A4-Produktion zur Verfügung (siehe Anlage „Hallenbelegungsplan – Anfang 1944"), von Mai bis August 44 nur noch die Kammern 21–46, ab September 1944 sogar nur noch die Kammern 21–40; im November 1944 musste auch die Kammer 40 für die Montage der Flakrakete Taifun abgegeben werden (Anlage 7: „Hallenbelegungsplan von April 1945").

Bis Dezember 1943 waren Loren die wichtigsten Transportmittel der Häftlinge. Das raue Abbruchgestein wurde von Hand ohne Handschuhe, ohne Atem- und Gehörschutz in die Loren gefüllt; die Loren wurden von den Häftlingen aus den Stollen geschoben, wo sie wiederum

Übersicht:
Hallenbesetzungsplan der Untertageanlage Ni 190 durch das Mittelwerk (Stand: Anfang 1944)

Hallenbesetzungsplan Halle 0–42
B-Stollen (Taktstraße)
A-Stollen (Fahrhalle)

Halle	**Sache**
0	Maschinenhalle, Betriebsschlosserei, Elektrowerkstatt
1	Betriebsbüro
2	Werkzeugmacherei
3	Härterei, Schweißerei, Scharfschleiferei
4	Werkzeug- und Gummilager
5	Oele, Fette, Farben, Bohrwasseraufbereitung
6	Büros, Wareneingang
7	Lager
8	Materialprüfung
9	Rohmateriallager
10	Rohmateriallager
11	Elektrogerätelager
12	Fabrikation der Rudermaschinen – Askania-Berlin
13	Fabrikation der Rudermaschinen – Grünewald-Saar
14	Armaturen – Abtrieb
15	Armaturen – Abtrieb
16	Eine Halle 16 gibt es auf Wunsch Sawatzkis nicht (Aberglaube)
17	Oberflächenschutz, Chemiesoge, Bäder, Gerätestation usw.
18	Turbo-Anlagen
19	Turbo-Anlagen
20	Allgemeine mechanische Fertigung
21	Lager für O-Behälter 450 Stück
22	Lager für B-Behälter 450 Stück
23	T-Anlage
24	T-Anlage
25	Lager für Antriebsblock 900 Stück, Heizbehälter
26	Lager für Antriebsblock 900 Satz
27	Lager für Antriebsblock 900 Satz
28	Bereitstellung für Geräteraum, Gerätemontage

29	Bereitstellung für Antriebsblock, Antriebsmontage
30	Rohrklempnerei, Schweißerei, einschl. Prüfung Salzbadeofen, Beizerei
31	Blechlager und Zurichterei
32	Presserei
33	Rossenbau
35	Flossenbau
38	Pufferlager, Heckzusammenbau
37	Pufferlager, Heckzusammenbau, Spritzerei
38	Heckrumpfbau
39	Spritzen
40	Heckrumpfbau
41	Reparaturstände, Stehende Prüfung..
42	Heizung, Lüftung

B-Stollen Taktstraße (Aufteilung in lfd. Meter)

	lfd. m.
Fertigung, Mittelteil, Zelle	320
Pufferlager	35
Spritzerei	20
Trockenraum	22
Pufferlager, Kabelbaum einbauen	30
Weiche für Hauptmontagewagen	50
Mittelteilmontage 30 Hauptbaumwagen	300
Hauptmontage 26 Wagen = 13 Doppeltakte	350
Stickstoff-Flasche zum Öffnen des Brennstoffhauptventils	15
Trocknung 8 Wagen (1 350)	108
Wagen zurück	18
Schiebebühne	15
Klappen schließen	30
2 Toledowagen Wiegen u. Schwerpunkt	16
Verpackungswagen zurück 4 Wagen verpacken	60
Schiebebühne	15
Gesamt	**1.502**

aus Brähne: Die Chronik der Mittelwerk GmbH, Hammerfeld o.J. Anlage 2.

NUTZUNG DER QUERSTOLLEN UND FAHRSTOLLEN, APRIL 1945

„Nordwerk“	(Jumo-Strahltriebwerks-Produktion)
1	Lazarett
2	Jumo Zylinder und Pleuelstangen
3	Kurbelwellen und Propeller
4	Fertigung verschiedener Teile
5	Lager für verschiedene Teile
6	Schleiferei
7–8	Jumo Pleuelstangen
9	Jumo Vorderteil
10	Fertigung Kurbelgehäuse
11	Fertigung Zylinderkopf
12	Montage Jumo-Triebwerk
13	Fertigung Jumo-Teile
14	Lager Vl-Teile
15	Fertigung Jumo- Kurbelgehäuse
16	Fertigung V2-Turbopumpe
17	Fertigung V2-Teile
18	Fertigung Jumo- und V2-Teile
19	Fertigung des Jumo-Zylinderblocks
20	Fertigung V2-Turbopumpe *„Werk I“ (V2-Produktion)*
21	Herstellung von V2-Teüen
22	Hauptlager und Werkzeugausgabe
23	Walzblechlagerung
24	Schweißen V2-Mittelteil
25–26	Lager V2-Treibstofftanks
27	Einrichten neuer Maschinen
28	Montage Geräteraum
29	Montage V2-Antriebsblock
30	V2-Mittelteüschweißerei
31	Lager für verschiedene Teile
32	Pressen für V2-Teile
33	Pressen für V2-Steuerung
34	Lager V2-Bleche
35	Lager V2-Heckteil
36	Lager V2-Teile
37	Montage V2- Heckteil
38	Lager V2-Mittelteil
39	Spritzerei und Galvanisierung
40	Neueinrichten Maschinen
41	stehende Prüfung der V2
42	Heizung und Lüftung *(„Werk IV“ (VlI-Produktion)*
43-44	Fertigung V1-Teile
45	Schweißerei V1-Außenhaut
46	Schweißerei und Lagerung V1
47	Baugruppenherstellung V1

von Hand ohne jegliche weiteren Hilfsmittel geleert wurden. Erst nachdem die Eisenbahnschienen im Hauptstollen A durchgängig verlegt waren, entfiel das manuelle Herausschieben der beladenen Loren. Das erste halbe Jahr 1944 verging mit dem Optimieren der Fertigungsabläufe, mit Umziehen, Ein- und Aussortieren. Deshalb konnte sich eine gewisse Routine in der sehr arbeitsteiligen A4-Montage erst ab August 1944 einstellen.

Mit über 100 Direktionsanweisungen versuchten Geschäfts- und Betriebsleitung, die vielfältigen organisatorischen Probleme wirklichkeitsnah zu lösen (BAL NS4/Anh. 31, Bl 243ff).

9.2 Maschinenpark und Fertigung

Für die Aufgabe, das völlig neue Gerätesystem am Fließband in Großserie zu fertigen, gab es kein Vorbild.

Als maschinelle Grundausstattung dienten die von Peenemünde im September 1943 und die von den RAX-Werken im November 1943 gelieferten Anlagen (BAL R 121/257). Der Maschinenpark bestand im Wesentlichen aus Schweißportalen, Exzenterpressen, Drehbänken und Werkzeugmaschinen.

Die Zulieferteile wurden in drei Querstollen vormontiert und wanderten dann zur Endmontage in den Hauptstollen B. Die fertig montierten Geräte wanderten in den Querstollen 41, in dem die Endkontrolle der aufgerichteten Raketen erfolgte.

Während die Werksinspektion des Mittelwerks alle Bauteile vor dem Einbau überprüfte, nahmen HAP-Ingenieure die Endabnahme der montierten Raketen vor.

Die Fertigungsabläufe und -methoden mussten bis September 1944 mehrfach geändert werden, weil das Entwicklungszentrum in Peenemünde ständig konstruktive Änderungen an der A4 vornahm. Dazu kamen Verzögerungen im Fertigungsablauf wegen fehlerhaften Einzelteilen der Sublieferanten und durch häufigen Lieferverzug der Zulieferbetriebe infolge von Luftangriffen.

Im Frühjahr 1944 wurde die Fertigung des Mittelteils, des Hecks und der Rudermaschinen für die A4 aufgenommen. Außerdem wurde die Montage der elektrischen Ausstattung der A4 von Siemens in das Mittelwerk verlagert.

Die Wirtschaftlichkeit der personalintensiven Arbeitsabläufe spielte keine Rolle, weil Häftlinge in ausreichender Zahl zur Verfügung standen. Deshalb blieben Rudolphs Bemühungen zur Optimierung der Abläufe und zur Fehlerminimierung begrenzt, Auch die ständig neuen Anforderungen von Kammler und Sawatzki setzten Rudolf enge Grenzen.

9.3 Leitfirmen und Zulieferanten

Die Mittelwerk GmbH beauftragte sogenannte Leitfirmen, die wiederum Subunternehmen beschäftigten und die Arbeiten auf dem ihnen anvertrauten Gebiet koordinierten. Die Planungen der Leitfirmen beruhten auf Auftragsvorbescheiden des OKH und des OKL. Der Aufwand für die Betriebsmittelkonstruktionen, die Weiterentwicklung von Betriebsmitteln bzw. deren Beschaffung wurde ihnen von der Mittelwerk GmbH ersetzt.

Leitfirma für den A4-Triebwerksblock wurde Linke-Hoffmann, Leitfirma für das tragende A4-Gerippe wurde Daimler-Benz, Leitfirma für Armaturen und Dampfanlagen wurde die Fa. HEINKEL in Jenbach bei Innsbruck.

Die 20.000 verschiedenen Teile des A4-Gerätes wurden von ca. 450 Sublieferanten gefertigt. – Hauptlieferant der Turbopumpen für die A4 war die MABAG Maschinen- und Apparatebau AG in Nordhausen.
Leitfirmen für die Fi-103 waren 1943 die VW-Werke in Fallersleben und Fieseler in Kassel, bevor im Spätsommer 1944 die Fertigung der FI 103 in die Stollen der Mittelwerk GmbH verlagert wurde und damit die Mittelwerk GmbH Hauptauftragnehmer der FI 103 für das OKL wurde.

Wichtige Zulieferbetriebe (Leitfirmen) im A4-Programm

Unternehmen, Ort	*Leitfirma für*	*Eigentumsverhältnisse*
Wumag, Görlitz	Turboaggregat	
Luftschiffbau Zeppelin GmbH, Friedrichshafen	Behälter, Mittelteil	
Linke-Hoffmann AG, Breslau	Heck, Heizbehälter, Tube = Triebwerksblock	Großaktionär: fast 90 % bei Mitteldeutsche Stahlwerke Riesa, diese zu 100 % b. Friedr. Flick KG
Voßwerke AG, Sarstedt	Geräteraum, Montagezubehör, Raketenspitze	100 % Familie Friedr. Voss
Jenbacher Hüttenwerke, Jenbach	Armaturen/Dampfanlagen	
Ehag, Jenbach	Dampfanlagen, Armaturen	
Mittelwerk GmbH, Niedersachswerfen	Normteile, Armaturen, Druckstücke/Werkstoffe, Oberflächenschutz, Rohrleitung/Zubehör, Bordmessgeräte (ab Sommer 1944, zuvor bei HAP 11), Verpackung, Rudermaschinen, Trimmotoren (bis Sommer 1944, dann Fa. Zahnradfabrik Karlsruhe)	100 % Rüstungskontor GmbH (reichseigen)
Daimler-Benz AG, Sindelfingen	Gerippe	
Stotz-Kontakt bzw. Stotz-Apparatebau GmbH, Eberbach (Baden)	Bordnetz	Eigentümer: Brown, Boveri & Cie AG, Mannheim
Miag (Mühlenbau KG), Bad Lauterberg	Halterungen/Gerätekreuz	
Rautalwerke, Wernigerode	Leichtmetallguss	
Werner & Pfleiderer, Stuttgart-Feuerbach	Abtrieb	
MUT, Wien-Stockerau	Gerüst	
Heeresartilleriepark 11 bzw. Elektromechanische Werke Karlshagen GmbH	Prüfzubehör/Zündeinrichtung, Integrationsgeräte	Reichseigen
Sachsenwerk, Radeberg	Leitstrahlempfänger, Mischgeräte	
Dynamit AG	Sprengstoff	

Wagener 2001, S. 649

Die Preispolitik gegenüber den Zulieferanten

Die Teile waren für die Lieferanten zum größten Teil neuartig. Daher konnten die Lieferanten nur mit Richtpreisen kalkulieren, die – so war geplant – nach einer gewissen Anlaufzeit vom HWA in Festpreise umgewandelt werden sollten. Während der Interimszeit vergütete die Mittelwerk GmbH den Lieferanten 70 % der Richtpreise als Abschlagzahlung. Noch im Januar 1945 lagen für ca. 1/3 der 20.000 Zulieferteile für die A4 nur Richtpreise vor mit entsprechenden Folgen für die Bewertung der Lagerbestände und der Lagerbewegungen.

9.4 Lagerwesen und Betriebsbuchhaltung

Die Erfassung und die Bewertung der Materiallieferungen von HAP und den RAX-Werken zwischen September und November 1943 bereitete Schwierigkeiten, weil es keine Versandnachweise der abgebenden Werke und keine Eingangsmeldungen beim Mittelwerk gab. Die Bewertung der übernommenen Waren beruhte deshalb auf Schätzungen der Mitarbeiter und der Prüfer. – Noch im Sommer 1944 wurde über die Wertansätze der gelieferten Maschinen und des Materials zwischen der Mittelwerk GmbH und HAP bzw. RAX gestritten.

Bei einem Barackenbrand im November 43 wurden neu angelegte Lagerkarteien, Stücklisten und Fertigungspläne vernichtet. – In der Lagerorganisation behalf man sich deshalb zuerst mit Übergangsverfahren. Erst im Laufe des Jahres 1944 konnten die Bauteile mit Zeichnungsnummern und mit Lagernummern versehen werden.

Insgesamt machten die Läger aber im April 1944 auf Prüfer einen geordneten Eindruck, bis sie im Frühjahr 1944 auf auswärtige Lagerstätten verteilt werden mussten.

Für die Betriebsbuchhaltung und die Nachkalkulation wurden 1944 Formblätter entworfen, weil die standardisierten Durchschreibe-Formularsätze auf dem Markt nicht mehr erhältlich waren. – Für die Warenausgänge aus den Teile-Lagern gab es bis Dezember 1944 noch keine geregelte organisatorische Form.

Die Erfassung und Kontrolle der Materialkosten waren unter solchen Umständen nicht möglich. „Die Kostenfrage fällt gegenüber der Leistung nicht ins Gewicht!“ war im 1. Halbjahr 1944 vorherrschende Meinung der Betriebsleitung. Prüfer hatten deshalb den Eindruck, dass kaufmännische Belange bewusst formlos behandelt wurden und dass man mit einem Minimum an kaufmännischer Verwaltung ohne Rücksicht auf die Folgen für Vor- und Nachkalkulation auszukommen suchte. Unter solchen Umständen waren weder eine geordnete Auftragsverfolgung zur Abstimmung mit Auftraggebern und Lieferanten noch eine Nachkalkulation möglich.

9.5 Kalkulationsschema für eigengefertigte Teile

Die eigengefertigten Teile wurden/sollten unter Berücksichtigung der „LSÖ-Leitsätze für die Preisermittlung aufgrund der Selbstkosten bei Leistungen für öffentliche Auftraggeber“ ab Herbst 1944 wie folgt kalkuliert werden:

Werkstoffe zzgl. eigene Teilerzeugnisse	
+ fertig bezogene Zulieferteile	
+ Werkstoff-Gemeinkosten (5%)	Gesamtaufwand für Werkstoffe
+ Fertigungslöhne, untergliedert nach Deutsche Werker bzw. Häftlinge sowie nach Fach- und Hilfsarbeiter	
+ Fertigungsgemeinkosten (500% der Fertigungslöhne)	
+ Sonderkosten	Fertigungslöhne gesamt
+ Verwaltungs- und Vertriebskosten	
+ 12% von Aufwand Werkstoffe sowie Fertigungslöhne gesamt	Selbstkosten
+ kalkulierter Gewinn (6% der Selbstkosten)	
+ sonstige Sonderkosten	Netto-Abgabepreis
+ Umsatzsteuer (2,04% des Netto-Abgabepreises)	Kalkulierter Verkaufspreis

10. Geschäftszahlen der Mittelwerk GmbH

10.1 Auftragseingang

Am 19. September 1943 kündigte das HWA den Auftrag von 12.000 A4 zum Stückpreis von 40.000 RM an, also zu einem Gesamtwert von 480.000.000 RM,–. Später einigten sich die Mittelwerk GmbH und das HWA auf einen Staffelpreis, beginnend bei 100.000 RM für die ersten 1.000 Geräte und sinkend bis auf einen Stückpreis von 50.000 RM ab dem 5.001. Gerät. Dadurch stieg der Auftragswert der ersten 5.000 Geräte von 200.000.000 RM auf 400.000.000 RM, der Auftragswert der 12.000 Geräte insgesamt von 480.000.000 RM auf 750.000.000 RM.

Die Mittelwerk GmbH trat als Hauptauftragnehmer in alle Aufträge ein, die das HWA schon HAP erteilt hatte. Die von HAP an Leitfirmen und Unterlieferanten vergebenen Aufträge wurden in sogenannte Generalaufträge der Mittelwerk GmbH an die Leitfirmen umgeschrieben. Die Mittelwerk GmbH trat auch in alle vom HAP für Material, Vorrichtungen und Betriebsmittel mit Lieferanten abgeschlossenen Kaufverträge ein.

Der Auftrag zur Bau der Fertigungseinrichtungen für die A4 in den Stollen wurde vom HWA der Mittelwerk GmbH im Oktober 1943 erteilt. Diese gab daraufhin der WIFO einen Generalauftrag für alle Baumaßnahmen. Die Details wurden der WIFO von Sawatzki in seiner Eigenschaft als Leiter des Arbeitsausschusses „Fertigungsplanung/Serienfertigung“ im Sonderausschuss A4“ vorgegeben. – Die Mehrzahl der von Spätherbst bis Jahresende 1943 eingesetzten Häftlinge war im Auftrag der WIFO tätig, weshalb diese WIFO eine beträchtliche Mitschuld an den mörderischen Arbeitsbedingungen der ersten Monate trug.

Im August 1944 erteilte VW der Mittelwerk GmbH Rahmenaufträge zur Herstellung von Baugruppen für die Flugbombe Fi-103. Nach einem Luftangriff auf die Fertigung der Fi-103 in Fallersleben wurde dann das gesamte Fi-103-Programm der Mittelwerk GmbH als Hauptauftragnehmer übergeben.

Aufträge, welche der Mittelwerk GmbH erteilt wurden, zusammengestellt aus Unterlagen des BAL:

Datum	Auftraggeber	Objekt	Anzahl	Stückpreis RM	Auftrags-Nr.	Dringlichkeits-Nr.
19.10.43	OKH	Gerät A4	12.000	40.000,-- RM, ab 11/43 Staffelpreis	1434	
8.11.43	OKH	Errichtung einer A4-Fertigungsstätte	1	abhängig von endgültiger Ausführung	3071	
8.11.43	OKH WA Chef Ing 4 XL	Fertigungssteile für mtl. … Geräte A4	900			
7.5.44	OKH WAJRÜ	Abrufauftrag bzgl. Gerät A4	8.000		1431/48	SS 4925-0371-2302/44
11.5.44	Stotz-Kontakt	Hauptverteiler für A4	2.000	Preise noch zu vereinbaren	1434/48	SS 4948-0372-1042/43
23.5.44	MEZ AG	Zwischenverteiler-Kästen für A4	1.000	Preis ist noch zu vereinbaren	1434/48	SS 4948-0372-1044/44
27.6.44	VW-Hauptwerk	Flügel 503 für Gerät 8-103	80.000	Auftragnehmer soll Preis aufgeben	2391/48	SS 4948-5900-0925/43
29.6.44	JUNKERS Flugzeugwerke	Triebwerk komplett "JUMO 213"	8.930	15.000 RM - Richtpreis		SS 4941-5314-4001/43
24.7.44	Linke-Hofmann	Pressteile für A4-Rumpf	3.075	Preis mit Auftragsbestätigung erbeten	1434/48	SS 4925
9.8.44	Linke-Hofmann	Pressteile für A4-Rumpf	600	Preis mit Auftragsbestätigung erbeten	1434/48	SS 4925
9.8.44	OKH/WAJRÜ(WUG 10)	diverse Teile für Gerät A4	3.550	Preise nach späterer Preisprüfung	2203/44	SS 4925-0372-2203/14
21.8.44	OKH/WAJRÜ(WUG 10)	Vorratsteile Bord für Gerät A4		Nach späterer Preisprüfung/-festsetzung	1434	SS 4925-0372-2207/44
25.8.44	VW-Hauptwerk	Rahmenauftrag für 8-103 komplett			2391	SS 4902-5900-0926/44
31.8.44	VW-Hauptwerk	Auftrag für Heck 8-103.174		vorläufige Kostenabrechnung nach LSÖ	2391/42	SS 4902-5900-0926/44
31.8.44	VW-Hauptwerk	Auftrag für Mittelstück 8-103.173		vorläufige Kostenabrechnung nach LSÖ	2391/42	SS 4902-5900-0926/44
4.9.44	VW-Hauptwerk	Auftrag für Endmontage 8-103		vorläufige Kostenabrechnung nach LSÖ	2391/42	SS 4902-5900-0926/44
12.9.44	Weber-Werke	Bügel aus Flachstahl nach Zeichnung	4.000		1434/48	SS 4948-0372-1042/43
25.9.44	Linke-Hofmann	A4 - Heck	3.000	"Keine Berechnung an Linke-Hofmann"	1434	SS 4911
1.10.44	JUNKERS Flugzeugwerke	Kühlervorbau für JUMO 213	2.170	3.000 RM Richtpreis		SS 4941-5314-4001/43

4.10.44	OKL TLR B5 II A	Kriegsfertigungsvorbescheid 8-103		Gerätepreis mit RMfRuK abzustimmen	2391	SS 4902-5560-2117/44
19.10.44	OKH/WAJRÜ	Anlage zur Erzeugung von Flüssigsauerstoff				SS 4949--3/I-399-0490/44
4.11.44	OKL Techn. Luftausrüstung	Vorbescheid bzgl. Fertigung ME 162	7.500			SS 4900 W-5216-2001/44
8.11.44	OKH/WAJRÜ	Vorratsteile für Bord und Boden		nach späterer Preisprüfung	1432/48	SS 4911-0372-0223/44
8.11.44	dto.	Vorratsteile für Bord und Boden		nach späterer Preisprüfung	1434/44	SS 4911-0372-0226/44
15.11.44	OKH/WAJRÜ	Anlage zur Erzeugung von Flüss.-Sauerstoff	15			
23.11.44	dto.	LKW	52	nach späterer Preisprüfung	1432/48	SS 4911-0372-2514/44
23.11.44	dto.	Ersatzteile für OMRU-Wagen		nach späterer Preisprüfung	1432/48	SS 4911-0372-2551/44
1.12.44	OKL Techn. Luftausrüstung	Auftrag Flugbombe 8-103	19.500	5.000 RM		
6.12.44	dto.	Rudermaschinen Lrn 5/30 für A4	20.000	550 RM	1434/48	SS 4909-0371-2068/44
8.12.44	OKL Techn. Luftausrüstung	Vorratsteilbedarf an Werkzeugen für ...		nach späterer Preisprüfung	1432/48	SS 4911-0372-2254/44
9.12.44	dto.	Vorratsteile A4 Bord mechanisch		nach späterer Preisprüfung	1434/48	SS 4911-0372-2224/44
29.1.45	dto.	Änderung Auftrag vom 9. 8. 44			1432/48	SS 4911-0372-2203/44
31.1.45	OKL/TLR/F 1-Rüst W 3 II	Vorbescheid Kraftstoff-Behälter für 8-103			2724/42	SS 4948-5929-1003/44
9.3.45	OKL - FL-Rüst W1 VD	Vorbescheid R4M ORKAN-Bordrakete	75.000		2375/05	SS 4900-5654-0250/44
23.3.45	Elektromech.Werke GmbH	Auftrag Flugabwehrrakete TAIFUN	10.000	Selbstkostenrichtpreis	2300	SS 4900-0437-3000/44

Aufträge an die Mittelwerk GmbH enthielten meist den Vermerk, dass der endgültige Preis erst nach einer späteren Preisprüfung vereinbart werde, oder der Auftragnehmer wurde gebeten, in der Auftragsbestätigung einen Preis vorzuschlagen. Hintergrund war, dass für die neuen A4-Teile bei den Auftragnehmern noch keine Kalkulationsunterlagen vorlagen.

Obwohl sich die Produktpalette zur Fertigung im Mittelwerk laufend erweiterte, blieb die A4 bis Kriegsende der Hauptumsatzträger, gefolgt von den Umsätzen für die JUNKERS-Triebwerke und die V1-Flugbombe.

10.2 Eingangsrechnungen

Maschinen, Werkzeuge, Vorrichtungen, Halbzeug und Rohmaterial waren zwischen September und Dezember 1943 ohne Lieferscheine und Versandpapiere angeliefert worden. Die Mittelwerk GmbH leistete deshalb nur Abschlagszahlungen an HAP und an die RAX-Werke. Zwecks Klärung der Gesamt-Verbindlichkeiten der Mittelwerk GmbH gegenüber HAP und RAX musste 1944 die Revisionsabteilung der Rüstungskontor GmbH eingeschaltet werden; im November 1944 kam es zur Einigung (BAL R3/3204).

Generell konnten Lieferanten nur zu Richtpreisen fakturieren. Beabsichtigt war, die Richtpreise zu einem späteren Zeitpunkt vom HWA in Festpreise umwandeln zu lassen. Daher leistete die Mittelwerk GmbH grundsätzlich nur 70 % des Rechnungswertes als Abschlagzahlung.

Die Mittelwerk GmbH erhielt 1944 über 10.500 Eingangsrechnungen. – Ab Sommer 1944 stand routiniertes Personal für deren Bearbeitung, ihre Überprüfung in rechnerischer, preislicher und mengenmäßiger Sicht sowie für den Abgleich mit geleisteten Abschlagszahlungen zur Verfügung. Für ein einheitliches, abgestimmtes Vorgehen bei der Bearbeitung der Eingangsrechnungen gab es ab Jahresende 1944 organisatorische Regelungen (BAL R121/260).

10.3 Ausgangsrechnungen

Am 1. Januar 1944 wurden die ersten A4-Geräte zum Stückpreis von 100.000 RM dem HWA in Rechnung gestellt. Im Laufe des Jahres wurden dann jeweils 20 einzeln aufgelistete A4 in einer Rechnung zusammengefasst.

Bis 30.09.1944 wurden insgesamt 2.217 A4-Geräte für ca. 207.000.000 RM,– an das HWA fakturiert.

Einen Überblick über das Geschäftsvolumen bis zum 30. September 1944 geben

- die **Umsätze** für den Zeitraum von September 1943 bis 30.09.1944 (darin enthalten ca. 4.000.000 RM für Fi-103-Teile) 211.432.000 RM

sowie

- die **Forderungen** aufgrund von Lieferungen und Leistungen am 30.09.1944 in Höhe von 214.000.000,— RM, darunter die Forderungen an das OKH für Lieferung der 2.217 A4-Geräte in Höhe von 207.360.000 RM sowie die Forderungen an das OKH für von Peenemünde gelieferte Geräteteile in Höhe von 2.397.000 RM

Summe **214.700.000 RM**

Aus dem Volumen der zwischen Oktober 1944 und März 1945 ausgelieferten A4- und Fi-103-Geräte ergibt sich, dass in diesem Zeitraum über 250.000.000 RM fakturiert wurden, davon allein ca. 215.000.000 RM für die A4-Geräte.

Die Fi-103 wurden an das RLM fakturiert. Jeweils 1.000 Geräte mit ihren Geräte-Nummern wurden in einer Rechnung zusammengefasst. – Die letzte Rechnung an das RLM datierte vom 27. März 1945.

Gemessen am Umsatzvolumen hatte sich die Mittelwerk GmbH innerhalb des ersten Jahres seit ihrer Gründung nach damaligen Verhältnissen zu einem Großbetrieb entwickelt.

Auftragseingänge 1943–1945 (nicht vollständig)

Ausgangsrechnungen

Feld1	Feld2	Feld3	Feld11	Feld4	Feld5
Ausgangsrechnungen					
Datum	Empfänger	Objekt	Menge	Einzelpreis RM	Rechnungswert RM
1.1.44	OKH	A 4	3	100.000	300.000,--
1.11.44	RLM	8-103	584	5.000,--	2.920.000
1.12.44	RLM	8-103	600	5.000,--	3.000.000
13.3.45	dto.	A 4	20	50.000,--	1.000.000,--
14.3.45	OKH	A 4	20	50.000,--	1.000.000,--
15.3.45	dto.	A 4	20	50.000,--	1.000.000,--
17.3.45	dto.	A 4	20	50.000,--	1.000.000,--
19.10.44	OKH	A 4	20	90.000,--	1.800.000,--
20.2.45	RLM	8-103	948	5.000,--	4.740.000,--
21.3.45	RLM	8-103	102	5.000,--	510.000,--
27.3.45	RLM	8-103	504	5.000,--	2.520.000,--
31.12.44	OKH	A 4	20	90.000,--	1.800.000,--

BAL: NS4, Anh.31, Bl. 319ff.

Ausgangsrechnungen – BAL NS4/Anh. 31, dort über 600 Dokumente

MITTELWERK G. m. b. H.
BERLIN-CHARLOTTENBURG 2, BISMARCKSTRASSE 112
mit Postanschrift: HALLE/Saale 2, Postfach 1525

Tgb. 97/45 g.Rs.
Roh. 30.3. Bo.
253

DRAHTWORT: MITTELWERK ERFURT TW
FERNRUF: BERLIN 19 51 41
FERNSCHREIBER: MW 068 27
POSTSCHECK-KONTO: BERLIN 35110
BANK: COMMERZBANK BERLIN W 8, KONTO Nr. 2951

Mittelwerk G.m.b.H., Halle/Saale 2, Postfach 1525

339

An das
Oberkommando des Heeres
Chef H Rüst u. Bd.E.
Wa J Rü WuG 10

Poststelle Mittelwerk

Geheime Reichssache!
T 298/45 gRs
Vertrieb

3. Ausfertigung

Proforma
RECHNUNG Nr. 95/3/45

Unsere Zeichen: Vk-Bo

HALLE/Saale 2, Postfach 1525
15.3.1945

Unsere Reichs-Betriebs-Nr			Bedarfsgruppe	Ihre Bestellung Nummer (Tag)
		Auftragssteuerungs-Nr. 1431/48		19.10.1943
Auftrags-Nr. 0011-5565/43 OKH Wa Prüf 11			Zeit der Leistung, Versandtag	15.3.1945

Wir sandten Ihnen für Ihre Rechnung und Gefahr laut unseren Verkaufsbedingungen durch: Transportkomm. Stärke 1/8 Mann u. Führung des Fw. Anders u. Vollfahrer Nr. 4261363 (Rüo 72) Dreisack 961

Stück	Gegenstand (genaue Bezeichnung)	Einzelpreis	Gesamtpreis
20	Wehrmachtgeräte Gruppe I Nr. 22727 22732 22736/GB 22741 22728 22733 22737/GB 22742 22729 22734 22738 22743 22730 22716/GB 22739 22744 22731 22735/GB 22740 22745	je Stck. RM	RM
	Richtpreis:	50.000.--	1.000.000.--
	Der angegebene Preis versteht sich ohne jede Verpackung, elektr. Geräte und ohne Nutzlastspitze. Nachstehende Waggons wurden zur Verladung benutzt: Stuttgart 45358 Stuttgart 28933 " 28117 " 38745 Villach 4298 Villach v 16200 Stuttgart 36379 Stuttgart 46703 " 48040 " 1179 Villach 36038 Villach 26204 Stuttgart 35761 Stuttgart 13744 " 40802 " 33364 Villach 23214 Villach 18144 Stuttgart 16868 Stuttgart 39646 " 11531 " 6903 Villach 6781 Villach 26900 Stuttgart 13812 Stuttgart 41833 " 1819 " 39008 Villach 21740 Villach 32130		

Richtig
hinsichtlich Menge und Brauchbarkeit
nachgewiesen unter lfde. Nr. 282
O. U., den 23. März 1945
(L.S.) gez. Unterschrift
Major (W) u. Leiter

Zahlbar ohne Abzug innerhalb 30 Tagen ab Rechnungsdatum. Bis zur endgültigen Bezahlung bleibt die Ware unser Eigentum. — Erfüllungsort für Lieferung und Zahlung ist Berlin. Gerichtsstand: Berlin, Landgericht 2.

Jgb. 1013/45 g
Tok. 30. 3. [illegible]
221

MITTELWERK G. m. b. H.
BERLIN-CHARLOTTENBURG 2, BISMARCKSTRASSE 112
mit Postanschrift: HALLE/Saale 2, Postfach 1525

DRAHTWORT: MITTELWERK ERFURT TW | FERNRUF: BERLIN 19 51 41 | FERNSCHREIBER: MW 068 27 | POSTSCHECK-KONTO: BERLIN 28110 | BANK: COMMERZBANK BERLIN W 8, KONTO Nr. 29 51

Geheim
1807/45 g
306

Mittelwerk G.m.b.H., Halle/Saale 2, Postfach 1525

An das
R.L.M.
Abt. LP I A 1
Dessau/Anhalt
Postfach 500

"über Wehrmachtzentralkasse für Kriegslieferungen, (1) Berlin-Wilmersdorf, Nikolsburgerstr. 2-4"

Vertrieb

2. Ausfertigung

RECHNUNG Nr. 158/3/II

Unsere Zeichen: Vk-Ge/Bo

HALLE/Saale 2, Postfach 1525, 27.3.1945

Unsere Reichs-Betriebs-Nr		MW-Reg.-Nr. 10 041/44	Bedarfsgruppe	Ihre Bestellung Nummer (Tag)
			Zeit der Leistung, Versandtag: v. 11.3. bis 26.3.45	

Wir sandten Ihnen für Ihre Rechnung und Gefahr laut unseren Verkaufsbedingungen durch: [illegible]

Stück	Gegenstand (genaue Bezeichnung)	Einzelpreis	Gesamtpreis
	Auftraggeber: OKL/Chef T.L.R. B 9 II Auftrags-Nr.: SS 4902-5900-0928/44 Dring.-Kz.-Nr.: 2391/42 Reichswaren-Nr.: 8-103	d. Stck. RM	RM
	Wir lieferten:		
105	kompl.Geräte 8-103 Vers.Ans.Nr. B 195 v. 12.3.45		
63	kompl.Geräte 8-103 Vers.Ans.Nr. B 196 v. 13.3.45		
60	kompl.Geräte 8-103 Vers.Ans.Nr. B 198 v. 15.3.45		
69	kompl.Geräte 8-103 Vers.Ans.Nr. B 200 v. 16.3.45		
297	kompl.Geräte 8-103 Richtpreis:	5.000.-	1.485.000,-
24	kompl.Geräte F 1 Vers.Ans.Nr. B 196 v. 13.3.45		
108	kompl.Geräte F 1 Vers.Ans.Nr. B 197 v. 14.3.45		
39	kompl.Geräte F 1 Vers.Ans.Nr. B 198 v. 15.3.45		
36	kompl.Geräte F 1 Vers.Ans.Nr. B 200 v. 16.3.45		
207	kompl.Geräte F1 Richtpreis:	5.000.-	1.035.000.-
			2.520.000,-
	RdWz.		

Zahlbar ohne Abzug innerhalb 30 Tagen ab Rechnungsdatum. Bis zur endgültigen Bezahlung bleibt die Ware unser Eigentum. — Erfüllungsort für Lieferung und Zahlung ist Berlin. Gerichtsstand: Berlin, Landgericht 2.

BAL: NS4, Anh. 31, Bl. 319ff.

10.4 Zahlungsverkehr

Laufende Ausgaben fielen an für Materialeinkäufe und Personalkosten. Zahlungen waren auch zu leisten an den Vermieter der Stollen (die WIFO), an die HAP, die RAX-Werke und die Zeppelin-Werke für deren Maschinen, Werkzeuge, Vorrichtungen aufgrund der Produktionsverlagerung.

Ausgaben in nennenswerter Höhe fielen für die Einrichtung von Triebwerkprüfständen und Reparaturbetrieben sowie für die Erzeugung von Flüssigsauerstoff und Energie an.

Die Anzahlungen an die Leitfirmen und an Teile-Lieferanten standen am 30. September 1944 mit 27.540.000 RM zu Buche (Prüfbericht S. 17-Tz. 106, 107).

Der künftige Finanzmittelbedarf wäre stark vom weiteren Stollenausbau und von der Übernahme weiterer Produktionsaufgaben geprägt worden.

Die Bankverbindungen

Kleinere Rechnungen und der größte Teil der Löhne und Gehälter wurden über das Postscheckamt Erfurt reguliert.

Auf Veranlassung des Rüstungsministeriums fungierte die Commerzbank als Hausbank der Mittelwerk GmbH.

Die Reichskreditgesellschaft, die seit 1935 Konsortialkredite für die JUNKERS-Flugzeugwerke bereit gestellt hatte, stellte für den Stollenausbau und die Anzahlungen an Lieferanten ca. 210.000.000 RM zur Verfügung (in der Bilanz unter „Anzahlungen des OKH“).

Bank-Guthaben am 30. September 1944	**RM**	**RM**
Postscheckamt Berlin	16.584,79	
PSA Erfurt	963.986,04	
PSA Göttingen	14,86	980.5585,67
Commerzbank Berlin	60.282,61	
Commerzbank Nordhausen	1.104.376,98	
Commerzbank Göttingen	12.194,86	1.176.854,--
Reichskreditgesellschaft (RKG)	7.587.546,76	7.587.546,76
Summe		**9.744.986,88**

Weitere Bankverbindlichkeiten existierten am 30. September 1944 nicht.

Besitzwechsel und Schecks 6.269,90 RM

Quelle: Saldenbilanz zum 30.09.1944; Anlage zum Prüfbericht vom 30.09.1944 – BAL R121, S. 301ff.

10.5 Vorläufige Bilanz und G+V vom 30. September 1944

Zum 30. September 1944 wurde ein Status für die Zeit von der Inbetriebnahme im September 1943 bis zum 30.09.1944 angefertigt. Den Auftrag dazu hatte Prof. Hettlage dem Wirtschaftsprüfer der Rüstungskontor GmbH, Dr. Burkardt, erteilt – Prüfbericht vom 30.09.1944 – BAL R121/301ff.

Aktiva – in 1000 RM		Passiva – in 1000 RM	
Anlagevermögen	10.786	Stammkapital	1000
Roh-/Hilfs-/Betriebsstoffe	47.133	Wertberichtigungen zum AV	2839
Halbfertige Erzeugnisse	770	Rückstellungen	8000
Fertige Erzeugnisse	660	Anzahlungen des OKH	210.000
Anzahlungen	27.540	Warenverbindlichkeiten	31.921
Warenlieferungen	214.607	Sonstige Verbindlichkeiten	4.646
Schecks	6	Rechnungsabgrenzung	6.321
Kassenbestand	1.345	Überschuss	66.087
Andere Bankguthaben	8.872		
Sonstige Forderungen	948		
Rechnungsabgrenzung	18.147		
Summe	330.814	Summe	330.814

Das reine Anlagevermögen war mit ca. 8.000.000 RM auffällig niedrig bewertet. Die Buchprüfer begründeten das damit, dass bei der überstürzten Anlieferung der Maschinen und der Vorräte aus Peenemünde und von den RAX-Werken keine Versandpapiere vorlagen und dass bei der Einlagerung in das Mittelwerk von den Hilfsarbeitern dilettantisch vorgegangen worden war. Das Anlageverzeichnis war unvollständig; die Prüfstände für die A4-Triebwerke waren nicht aktiviert, und auch die A4-Geräte auf dem Transport zu den Heeresmunitionsstellen im Wert von ca. 8.000.000,-- RM fehlten in den Wertansätzen. Noch nicht erfasst war das Vermögen der Betriebe, welche ausschließlich für die Mittelwerk GmbH arbeiteten und die als Betriebsabteilungen in die Mittelwerk GmbH eingegliedert werden sollten. Aktiviert waren allerdings die Kosten für den Ausbau der WIFO-Stollen mit ihren Restwerten.

Zwei Drittel der Bilanzsumme machten die Forderungen aufgrund von Lieferungen an das OKH für die im Berichtszeitabschnitt ausgeliefer-

ten 2.217 A4-Geräte aus. Diesem Betrag standen auf der Passivseite die Anzahlungen des OKH in Höhe von 210.000.000 RM gegenüber. Eine Saldierung sollte später erfolgen, wenn die Richtpreise in den Lieferantenrechnungen durch Festpreise ersetzt waren.
Die Anzahlungen in Höhe von 27.000.000 RM waren an Leitfirmen geleistet worden, die für die Neuentwicklungen der A4-Teile erhebliche Vorleistungen zu erbringen hatten.

Der Wirtschaftsprüfer wies darauf hin, dass die Mittelwerk GmbH aufgrund weiterer im Anlauf befindlicher Fertigungen zusätzliche finanzielle Mittel benötigen würde. Aufgrund des im September 1944 erreichten Geschäftsvolumens wurde empfohlen, das Stammkapital von 1.000.000 RM auf 80.000.000–100.000.000 RM zu erhöhen.

Die **G+V zum 30.09.1944** – zusammengefasst und gerundet – zeigte folgende Zahlen:

Brutto-Erfolgsrechnung zum 30.09.1944	**RM**	**RM**
(ca.-Werte aus vorläufigen Berechnungen)		
Umsatz		210.351.001,43
Fertigungs- und Gemeinkostenmaterial	97.871.778,56	
Löhne	13.909.113,93	
Gehälter	8.452.372,75	
Sozialleistungen	2.266.513,78	
Fremde Instandhaltung	314.567,25	
Eingangs- und Ausgangsfrachten	1.485.082,33	
Aufwand für Werksicherung	286.026	
Abschreibungen auf Anlagen	3.024.074,53	
Miete für Betriebsräume – netto	4.800.000	
Steuern und Spenden – ohne ertragsabh. Steuern	4.921.496,29	
Herstellkosten ohne Verwaltungsgemeinkosten		137.329.025,42
Betriebsüberschuss vor Verwaltungsgemeinkosten		73.021.976,01
Verwaltungsgemeinkosten		4.902.836,03
Betriebsgewinn		68.119.139,98
Sonstige und außerordentliche Aufwendungen		2.395.242,41
Finanz- und außerordentliche Erträge		113.795,95
Gewinn vor Steuern		65.837.693,52
Quelle: Anlage 2 zum Prüfbericht vom 30.09.1944		

Die Position „Löhne“ enthielt sowohl das Entgelt für zeitweise bis zu 10.000 Häftlinge in Höhe von ca. 8.000.000 RM als auch die Personalkosten für die zivilen Mitarbeiter in Höhe von ca. 6.000.000 RM. Hätte man die Häftlinge wie die zivilen Mitarbeiter bezahlt, wären Personalkosten für die KZ-Häftlinge und Zwangsarbeiter in Höhe von über 65.000.000 RM angefallen. Dann hätte jeder Leser der G+V erkennen können, wie unwirtschaftlich die Fertigung und die Montage unter Einsatz der Masse an ungelernten Hilfsarbeitern abliefen.

Infolge des Einsatzes an KZ-Häftlingen und Zwangsarbeitern konnte die Mittelwerk GmbH 1/3 des Umsatzes per 30. September 1944 als Gewinn ausweisen. In mindestens der gleichen Größenordnung hätte sich der Gewinn für die 6 Monate Oktober 1944 bis März 1945 errechnet.

10.6 Revision

Die Prüfung zum 30. September 1944 durch das Revisionsamt der Rüstungskontor GmbH im Auftrag von Prof. Hettlage wurde aufgrund der Vermutung veranlasst, dass sich in der Mittelwerk GmbH seit dem Eintritt von Generaldirektor Rickhey eine aufgeblähte Verwaltung entwickelt habe. Die Prüfung erfolgte von Januar bis März 1945 in den Geschäftsräumen der Mittelwerk GmbH (BAL-R 121/301ff).

Die Prüfer stellten fest, dass aufgrund der Ausweitung der A4-Fertigung und der Aufnahme weiterer Produkte in die Fertigung noch keine endgültige Form der Organisation möglich war. Organisatorische und rechnerische Probleme resultierten insbesondere aus der chaotischen Weise der Materialbewegungen, aus dem Erfassen der Warenentnahmen sowie dem Verfolgen der Waren auf dem Transport und in den zahlreichen Teilelagern außerhalb des Kohnstein. Für eine geregelte, zuverlässige Auftragsverfolgung gab es noch keine Grundlagen.

Weil der Betrieb auf technischem Gebiet über keinerlei Stammpersonal verfügte, blieb die Arbeits-vorbereitung unzulänglich. Eine Aufschlüsselung von Kosten und deren Zuordnung zu Kostenträgern war praktisch nicht durchführbar (Prüfbericht, S. 10f.).

Die Erfassung der HAP-Lieferungen war abgeschlossen und in den Abschluss zum 30. September 1944 eingearbeitet (BAL-R121/264ff). Wegen der Anlieferungen von den RAX-Werken und den strittigen Anlaufkosten bei den RAX-Werken fand erst im 4. Quartal 1944 eine Abstimmung statt, weshalb die Maschinen und das Material der RAX-Werke bzw. die daraus resultierenden Verbindlichkeiten wertmäßig zum 30. September 1944 nicht berücksichtigt waren.

Eine Abstimmung der Kontokorrent-Saldenlisten und der Hauptbücher war nicht erfolgt. Saldenbestätigungen der Abnehmer und der Haupt-Lieferanten lagen nicht vor.

Im Bericht wurde aber festgehalten, dass unnötiger oder verschwenderischer Aufwand bis zum 30.09.1944 nicht betrieben worden war.

Eine überschlägige Berechnung des künftigen Finanzbedarfs der Mittelwerk GmbH konnte wegen der vielen zusätzlich in Angriff genommenen Projekte in der Fertigung aus dem Abschluss zum 30.09.1944 nicht abgeleitet werden.

Empfohlen wurde deshalb,

- den ausgewiesenen Gewinn nicht auszuschütten, weil aufgrund der anstehenden Überprüfung der Richtpreise mit einer Änderung der Einkaufs- und der Verkaufspreise und damit des Ergebnisses zu rechnen war,
- das Stammkapital auf 80.000.000–100.000.000 RM zu erhöhen
- für das Anlagevermögen eine Anlagekartei einzurichten
- das Rechtsverhältnis zwischen der Mittelwerk GmbH und der WIFO zu klären
- einen Pachtvertrag mit der Unterpächterin, der Nordwerke GmbH, abzuschließen.

Insgesamt betrachteten die Prüfer den Zwischenabschluss vom 30.09.1944 als brauchbaren Ausgangspunkt für die Weiterentwicklung des Rechnungswesens.

Der Prüfbericht vermittelte den Eindruck einer im Aufbau befindlichen Hightech-Fabrik. Die Prüfer hatten ihre Erkenntnisse aus den Unterlagen der Geschäftsleitung gewonnen. Ob ein Rundgang der Prüfer durch die Stollen zwecks Stichproben stattgefunden hatte, ging aus dem Prüfbericht nicht hervor. Die höchst problematischen Arbeitsverhältnisse in den Stollen wurden mit keinem Wort erwähnt.

11. Das Ende der Mittelwerk GmbH

Im Herbst 1944 verschlechterte sich die Lage im Mittelwerk. Das Verkehrswesen brach zusammen. Der Nachschub an Teilen für die A4-Montage und der Transport der A4-Geräte an die Front gerieten ins Stocken. Die Häftlinge verhungerten noch schneller als zuvor (Neufeld Michael J. 1999, S. 313).

Ganz katastrophal wurde die Gesamtsituation ab Januar 1945, als die erschöpften und halb verhungerten Häftlinge aus den evakuierten Konzentrationslagern im Osten eintrafen. Das Ernährungssystem der SS, in dem erbeutete und konfiszierte Nahrungsmittel aus den besetzten Ländern eine große Rolle gespielt hatten, brach völlig zusammen. Unter diesen Umständen entfielen alle Unterschiede in der Besser-Stellung der italienischen Militärinternierten, der sowjetischen Kriegsgefangenen und der zivilen Zwangsarbeiter gegenüber den KZ- Häftlingen (Hess Thorsten, Seidel Thomas A. 1995, S. 53).

Zusätzliche Unruhe in die Stollen brachte der Umzug der „Elektromechanische Werke GmbH“ (EMW), des ehemaligen A4-Entwicklungszentrums von Peenemünde, nach Nordhausen. Die Übernahme weiterer Maschinen, Techniker und Materialien aus dem Saarland und aus Peenemünde in den Kohnstein war nicht mehr möglich, weil der Bau zusätzlicher Stollen ins Stocken geraten war.

Die Versorgung des Mittelwerks mit Benzin, Flüssigsauerstoff und Rohstoffen war zum Erliegen gekommen.

Der neue Lagerkommandant Richard Baer versuchte unter diesen Umständen, die „Schraube des Schreckens“ noch stärker anzuziehen (Neufeld Michael J. 1999, S. 314). Die Zahl der zu Tode Geprügelten und Exekutierten wuchs sprunghaft. Massenexekutionen fanden nun auf dem Appellplatz des KZ-Lagers sowie in den Stollen statt. Die Toten wurden auf Scheiterhaufen offen verbrannt. Unzählige kranke Häftlinge wurden mit Wissen der Geschäftsleitung der Mittelwerk GmbH in die Vernichtungslager Bergen-Belsen, Sachsenhausen und Ravensbrück „entsorgt“.
Anfang April ließ die Geschäftsleitung Schriftstücke in großem Stil verbrennen. – Auf Veranlassung von Kammler wurden 500 Raketen-

techniker nach Bayern evakuiert. Danach lösten sich innerhalb von 14 Tagen die kaufmännische und die technische Organisation der Mittelwerk GmbH auf. Die zivilen Beschäftigten wurden noch für März 1945 entlohnt und kehrten in ihre Heimatorte zurück.

Bei dem Luftangriff am 3./4. April 1945 auf Nordhausen wurde das Gelände der Boelcke-Kaserne schwer getroffen. Allein dort kamen bei diesem Angriff 1.300 totkranke Häftlinge und zivile Zwangsarbeiter ums Leben.

Vom 4.–7. April 1945 wurden die gehfähigen Häftlinge des Lagers Mittelbau-Dora von der SS evakuiert.
Am 11. April 1945 betraten die Amerikaner die Stollen der Mittelwerk GmbH. Sie trafen auf über 600 schwerstkranke und völlig entkräftete Häftlinge. Unter Aufsicht der Alliierten musste die Bevölkerung in den darauf folgenden Tagen Hunderte von Leichen begraben (Bornemann 2003, S. 149).

Die Mittelwerk GmbH wurde 1947 aus dem Handelsregister gelöscht. – Die Zugänge zu den Kohnstein-Stollen wurden im Frühjahr 1948 gesprengt.

Albert Speer wurde zu 20 Jahren Haft verurteilt. – Karl-Otto Saur trat 1947 als Kronzeuge der alliierten Ankläger auf und blieb von einer Anklage verschont. – Prof. Karl-Maria Hettlage wurde nicht angeklagt; er bekleidete später hohe Posten im Finanzministerium der Bundesrepublik, und er beriet Bundeskanzler Konrad Adenauer bei der Abwehr der Schadenersatzansprüche von NS-Opfern. – Heinrich Himmler beging Selbstmord. – Hans Kammler und Albin Sawatzki kamen bei Kriegsende unter ungeklärten Umständen um. – Otto Förschner wurde 1946 hingerichtet. – Richard Baer konnte erst 1960 festgenommen werden; er starb 1963 in U-Haft. – Kurt Kettler wurde nicht angeklagt. – Richard Rickhey wurde im Dachauer Dora-Prozess 1947 freigesprochen. – Wernher von Braun, Walter Dornberger und Arthur Rudolph ließen sich von den USA für Aufgaben in der US-Raketenforschung bzw. der Raketen- und Flugzeugindustrie anwerben und entgingen so einer Anklage.

Keiner der bei Kriegsende Überlebenden zeigte später Bedauern, Reue oder Schuldgefühle.

12. Ergebnisse

Die militärische und die psychologische Wirkung der insgesamt nur ca. 3.200 A4-Treffer wurden mit dem unmenschlichen Einsatz von rund 20.000 Häftlingen und mit einem enormen technischen Aufwand bei der Fertigung und beim Abschuss der A4-Raketen bezahlt. Selbst eine Verzehnfachung der V2-Treffer in den letzten Kriegsmonaten hätte an der riesigen Übermacht der Alliierten nichts geändert. Die ganze Raketenkampagne hatte nur eine Zerstörungsgewalt von ein oder zwei großen britisch-amerikanischen Luftangriffen auf deutsche Städte (Historisch-Technisches Museum Peenemünde (Hrg.) 2016, S. 35).

Durch den Einsatz der Rakete und der Flugbombe fielen ca. 5.900 Tonnen Sprengstoff auf belgischen, französischen und englischen Boden. Dabei kamen schätzungsweise 15.000 belgische, englische und französische Zivilisten um. Im gleichen Zeitraum bis Kriegsende warfen die RAF-Geschwader über Deutschland Bomben mit einem Gesamtgewicht von ca. 437.000 Tonnen ab (Lusar Rudolf 1971, S. 211). – Von Kriegsbeginn bis September 1944 hatte der Bombenkrieg 200.000 deutschen Zivilisten das Leben gekostet. – Noch einmal ca. 230.000 deutsche Zivilisten mussten in den letzten 7 Kriegsmonaten die völkerrechtswidrige Entscheidung von Hitler, Speer und Himmler, die V1 und die V2 als Terrorwaffen einzusetzen, mit dem Leben bezahlen (Stargardt 2015, S. 469).

Die Führungskräfte der Betriebsgesellschaft „Mittelwerk GmbH" waren „ins kalte Wasser geworfen" worden. Ihnen, den hundertprozentig überzeugten Nationalsozialisten, fehlte Managementerfahrung aus vergleichbaren früheren Funktionen. Für ein Hineinwachsen in ihre neuen Aufgaben war keine Zeit. Die Geschäftsleitung konnte nicht agieren, weil die Geschäftspolitik der Mittelwerk GmbH von Akteuren des Rüstungsministeriums und der SS bestimmt wurde.

13. Verzeichnis der Abkürzungen

BAL	Bundesarchiv Berlin-Lichterfelde
HAP/HAP 11	Heeresanstalt Peenemünde; Gesamtheit aller organisatorischen und materiellen Einrichtungen in Peenemünde-Ost für Entwicklung, Test und Fertigung der A4
HVP	Heeresversuchsanstalt Peenemünde, Vorläufer von HAP (Neufeld 1999, 379ff.).
HWA	Heereswaffenamt; Zentralstelle des OKH für die technische Entwicklung, Prüfung und Fertigungsplanung von Waffen und Munition, untergliedert in Amtsgruppen
Mittelbau	das Gesamtprojekt der 9 unterirdischen Baustellen im Kohnstein und in seiner Umgebung
Mittelraum	das Industriegebiet der deutschen Rüstung um Nordhausen
Mittelwerk	Bezeichnung für die unterirdische Raketenfabrik im Kohnstein und für die Mittelwerk GmbH
OKH	Oberkommando des Heeres
OKL	Oberkommando der Luftwaffe
RLM	Reichsluftfahrtministerium
RSHA	Reichssicherheitshauptamt der SS
RMfBuM	Rüstungsministerium für Bewaffnung und Munition (von 3/40 bis 9/43)
RMfRuK	Reichsministerium für Rüstung und Kriegsproduktion (ab 9/43)
RuSHA	Rasse- und Siedlungs-Hauptamt
SD	Sicherheitsdienst, der NSDAP-parteiinterne Nachrichtendienst
SS – WVHA	SS-Wirtschaftsverwaltungs-Hauptamt, ab 1942 mit mehreren Amtsgruppen, darunter den Amtsgruppen C/Bauwesen unter der Leitung von Dr.-Ing. Hans Kammler, und D/Konzentrationslager unter der Leitung von Richard Glücks
V 1	„Vergeltungswaffe 1“ = der Flugkörper „Fieseler Fi-103“ gemäß Typenliste des RLM
V 2	„Vergeltungswaffe 2“ = Aggregat 4 = A4
WA Prüf 10	Amtsgruppe 10 des HWA, Entwicklungsabteilung für Flüssigkeitsraketen
WA Prüf 11	Amtsgruppe 11 des HWA, zuständig für die Erprobung von Raketen als Angriffs- und als Terrorwaffe

14. Quellen- und Literaturverzeichnis

Arendt, Hanna; Arendt, Hannah; Mommsen, Hans (2017): Eichmann in Jerusalem. Ein Bericht von der Banalität des Bösen. 14. Auflage, erweiterte Taschenbuchausgabe, München, Berlin, Zürich: Piper (Piper, 6478).

Bähr, Johannes (2006): Die Dresdner Bank in der Wirtschaft des Dritten Reichs. Unter Mitarbeit von Ralf Ahrens, Michael C. Schneider, Harald Wixforth, Dieter Ziegler. 1. Aufl. 1 Band. München: Oldenbourg.

Baranowski, Frank (1995): Geheime Rüstungsprojekte in Südniedersachsen und Thüringen während der NS-Zeit. 2. Aufl. Duderstadt: Mecke.

Baranowski, Frank (2000): Die verdrängte Vergangenheit. Rüstungsproduktion und Zwangsarbeit in Nordthüringen. Duderstadt: Mecke.

Baranowski, Frank (2013): Rüstungsproduktion in der Mitte Deutschlands von 1929 bis 1945. Südniedersachsen mit Braunschweiger Land sowie Nordthüringen einschließlich des Südharzes – vergleichende Betrachtung des zeitlich versetzten Aufbaus zweier Rüstungszentren. 1. Aufl. Bad Langensalza: Rockstuhl.

Bornemann, Manfred (1994): Aktiver und passsiver Widerstand im KZ DORA und im Mittelwerk. Eine Studie über den Widerstand im KZ Mittelbau-Dora. 1 Band. Berlin/Bonn: Westkreuz-Verlag.

Bornemann, Manfred (2003): Geheimprojekt Mittelbau. Vom zentralen Öllager des Deutschen Reiches zur größten Raketenfabrik im Zweiten Weltkrieg. 1 Band: Bernhard & Gräfe Verlag, München.

Brechtken, Magnus (2017): Albert Speer. Eine deutsche Karriere. Zweite Auflage. München: Siedler.

Bundesarchiv, Finckensteinallee 63, 12205 Berlin.

Dornberger, Walter (1992): Peenemünde. Die Geschichte der V-Waffen. 3. Aufl. Frankfurt/Main: Ullstein.

Hess Thorsten, Seidel Thomas A. (1995): Vernichtung durch Fortschritt. Am Beispiel der Raketenproduktion im KZ Mittelbau-Dora. Berlin-Bonn (Schriftrenreihe der KZ-Gedenkstätte Mittelbau-Dora).

Historisch-Technisches Museum Peenemünde (Hg.) (2016): Wunder mit Kalkül. Die Peenemünder Fernwaffenprojekte als Teil des deutschen Rüstungssystems. 1. Aufl. Berlin: Christoph Links Verlag.

Hölsken Heinz Dieter (1984): Die V-Waffen. Entstehung–Propaganda–Kriegseinsatz. 1 Band. Stuttgart: DVA (Studien zur Zeitgeschichte, 27).

Kaienburg, Hermann (2003): Die Wirtschaft der SS. Berlin: Metropol.

Kehrl, Hans (1973): Krisenmanager im Dritten Reich. 6 Jahre Frieden – 6 Jahre Krieg. Erinnerungen. Düsseldorf: Droste Verlag.

Kershaw, Ian (2013): Hitler. 1936–1945. 1. Aufl. 1 Band. München: Pantheon.

Longerich, Peter (2010): Heinrich Himmler. 1. Aufl. 1 Band. München: Pantheon.

Lusar Rudolf (1971): Die deutschen Waffen und Geheimwaffen des Zweiten Weltkriegs und ihre Weiterentwicklung. 6. Aufl. 1 Band. München: J.F.Lehmanns Verlag.

Mommsen, Hans/Grieger, Manfred (1997): Das Volkswagenwerk und seine Arbeiter im Dritten Reich. 3. Auflage. 1 Band. Düsseldorf: Econ.

Neander, Joachim (1997): Das Konzentrationslager „Mittelbau" in der Endphase der nationalsozialistischen Diktatur. Zur Geschichte des letzten im „Dritten Reich" gegründeten selbständigen KZs unter besondrer Berücksichtigung seiner Auflösungsphase. 1 Band. Clausthal-Zellerfeld: Papierflieger.

Neufeld Michael J. (1999): Die Rakete und das Reich. Wernher von Braun, Peenemünde und der Beginn des Raketenzeitalters. 2. Aufl. 1 Band. Berlin: Henschel Verlag.

Neumann Hans-Joachim, Eberle Hendrik (2009): War Hitler krank? Ein abschließender Befund. 1 Band. Köln: Bastei Lübbe.

Ohler Norman (2015): Der totale Rausch. Drogen im Dritten Reich. 4. Aufl. Köln: Kiepenheuer & Witsch.

Palachy, Erhard, Pelny, Kurt (1990): KZ Mittelbau-Dora. Zum antifaschistischen Widerstandskampf im KZ Dora 1943–1945. 1. Aufl. 1 Band. Berlin: Dietz Verlag.

Salewski Michael, Schulze-Wegener Guntram (1995): Kriegsjahr 1944. Im Großen und im Kleinen. 1 Band. Stuttgart: Franz Steiner (Historische Mitteilungen im Auftrag der Ranke-Gesellschaft).

Saur, Karl-Otto; Saur, Michael (2007): Er stand in Hitlers Testament. Ein deutsches Familienerbe. 1 Band. Berlin: Econ.

Speer, Albert (1969): Erinnerungen. 5. Aufl. Frankfurt/Main: Ullstein.

Stargardt, Nicholas (2015): Der deutsche Krieg 1939–1945. 1. Aufl. 1 Band. Frankfurt: S. Fischer.

Stüwe, Botho (1998): Peenemünde West. Die Erprobungsstelle der Luftwaffe für geheime Fernlenkwaffen und deren Entwicklungsgeschichte. München: Bechtle.

Tooze, Adam; Tooze, J. Adam; Badal, Yvonne (2007): Ökonomie der Zerstörung. Die Geschichte der Wirtschaft im Nationalsozialismus. 1. Aufl. München: Siedler.

Wagner, Jens-Christian (2001): Produktion des Todes. Das KZ Mittelbau-Dora. 1. Aufl. 1 Band. Göttingen: Wallstein.

Wagner, Jens-Christian (Hrg.) (2014):Vernichtung und Arbeit. Jüdische Häftlinge im KZ Mittelbau-Dora. Weimar: Stiftung Gedenkstätten Buchenwald und Mittelbau-Dora.

Wiedemann, Frank (2010): Alltag im Konzentrationslager Mitelbau-Dora. Methoden und Strategien des Überlebens der Häftlinge. 1. Aufl. 1 Band. Frankfurt/Main: Peter Lang.

Zelle, Karl-Günter (2010): Hitlers zweifelnde Elite. Goebbels – Göring – Himmler – Speer. Paderborn: Schöningh.